Anne Tiebiges
9b

Begleitgrammatik

Lehrgang für Latein als 2. Fremdsprache

von Ursula Blank-Sangmeister
und Hubert Müller

Vandenhoeck & Ruprecht

Dieses Werk folgt den neuen Regeln der deutschen Rechtschreibung.

ISBN 3-525-71015-1

Umschlagabbildungen: Freiburger Münsterbauverein e.V.

Die Zeichnungen im Innenteil stammen von Dietmar Griese, Laatzen.

© 2005, 1999 Vandenhoeck & Ruprecht in Göttingen / www.v-r.de
Alle Rechte vorbehalten. Das Werk und seine Teile sind urheberrechtlich geschützt.
Jede Verwertung in anderen als den gesetzlich zugelassenen Fällen bedarf der vorherigen
schriftlichen Einwilligung des Verlages. Hinweis zu § 52a UrhG: Weder das Werk noch
seine Teile dürfen ohne vorherige schriftliche Einwilligung des Verlages öffentlich
zugänglich gemacht werden. Dies gilt auch bei einer entsprechenden Nutzung für
Lehr- und Unterrichtszwecke. Printed in Germany.
Gestaltung: Markus Eidt, Göttingen. Satz und Lithos: Steidl, Göttingen.
Druck und Bindung: Hubert & Co., Göttingen.

Gedruckt auf chlorfrei gebleichtem Papier.

Lektion 1 §§ 1–4

§ 1 Wortarten

Die kleinste Einheit eines Satzes ist das Wort. Wir können folgende Wortarten unterscheiden:

		Latein	Deutsch
Verb	Zeit-/Tätigkeitswort	legere	lesen
Substantiv	Haupt-/Namenwort	discipulus	Schüler
Adjektiv	Eigenschaftswort	(magnus)	groß
Pronomen	Fürwort; Stellvertreter	quis?	wer?
Artikel	Geschlechtswort	–	der, die, das (bestimmt) ein, eine, ein (unbestimmt)
Adverb	Umstandswort	semper	immer
Konjunktion	Bindewort	et; sed	und; aber

Die Wortarten Substantiv, Adjektiv und Pronomen bilden die Gruppe der **Nōmina** (Sg. **Nōmen**). Die Eigennamen gehören zu den Substantiven.
Man unterscheidet zwischen veränderlichen und unveränderlichen Wörtern. Veränderliche Wörter sind die Nomina und die Verben.

Ein Nomen kann man **deklinieren:**
z.B.: das Mädchen (Grundform) → des Mädchens – dem Mädchen usw.

Verben werden **konjugiert:**
z.B.: denken (Grundform) → ich denke – du denkst usw.; ich dachte – du dachtest usw.

Die Grundform des Verbs heißt **Infinitiv.**
Die Grundform eines Nomens steht im **Nominativ** (1. Fall/Wer-Fall).

§ 2 Substantiv

1. Artikel

Im Lateinischen gibt es keinen Artikel. Daher musst du aus dem Zusammenhang entscheiden, welchen Artikel du dem deutschen Substantiv zu geben hast:

3

§§ 2–3   **Lektion 1**

Magister dictat.	Der Lehrer diktiert.
	Ein Lehrer diktiert.

Manchmal kann man bei der Übersetzung auch auf den Artikel verzichten oder das passende Possessivpronomen (= besitzanzeigendes Fürwort) einsetzen:

Clāmor nōn prōdest.	Geschrei nützt nicht.
Magister clāmat; sed clāmor nōn prōdest.	Der Lehrer schreit; aber sein Geschrei nützt nicht.

2. Genus

Im Deutschen kann man am bestimmten Artikel erkennen, welches Geschlecht ein Substantiv hat:

der Junge	männlich: **maskulin (m.)**
die Mutter	weiblich: **feminin (f.)**
das Buch	sächlich: **Neutrum** (= keins von beiden) **(n.)**

Im Lateinischen, das keinen Artikel hat, zeigt oft der Wortausgang des Substantivs an, welches Geschlecht = Genus das Wort hat.

discipul**us**	maskulin
magist**er**	maskulin
clām**or**	maskulin
puell**a**	feminin
studi**um**	Neutrum

Das Genus der lateinischen und der deutschen Wörter muss nicht übereinstimmen; daher muss das Genus immer mitgelernt werden.

clāmor m.	das Geschrei n.

§ 3   Verb

An der Endung des Verbs kann man z. B. ablesen, **wer** (oder **was**) etwas tut oder ist:

ama-**t**	er/sie liebt
rīde-**t**	er/sie lacht
legi-**t**	er/sie liest
es-**t**	er/sie/es ist

4

Lektion 1 §§ 3–4

Die Endung **-t** bezeichnet also eine **3. Person Singular** (Einzahl).
Die Formen beziehen sich hier alle auf die Gegenwart, d. h., sie stehen im **Präsens**.

Den Infinitiv erkennt man fast immer an der Endung **-re:**

vituperā-**re**	tadeln
rīdē-**re**	lachen
ag-e-**re**	tun, handeln
fac-e-**re**	machen

Ausnahmen

esse	sein
prōdesse	nützen

Die Verben gehören, je nachdem, welcher Vokal (Selbstlaut) vor der Infinitivendung steht, zu verschiedenen Gruppen **(Konjugationen)**.
Verben, die zur gleichen Konjugationsklasse gehören, haben auch gleiche Endungen:

ā-Konjugation	peccāre	peccat
	laudāre	laudat
ē-Konjugation	rīdēre	rīdet
	docēre (lehren)	docet
konsonantische[1] Konjugation	agere	agit
	scrībere	scrībit

§ 4   Satzglieder / Satzstellen

1. Subjekt und Prädikat

(1)	Quīntus legit.	Quintus liest.
(2)	Tullia rīdet.	Tullia lacht.
(3)	Theophilus magister est.	Theophilus ist (ein) Lehrer.
(4)	Studium nōn dēlectat.	Das Studium macht keinen Spaß.
(5)	Quid dēlectat?	Was macht Spaß?

Jeder dieser Sätze besteht aus mindestens zwei Teilen: einer Person/einer Sache, die etwas tut/ist, und einer Aussage über diese Person/Sache.

Die Person/Sache, die etwas tut oder ist, ist das **Subjekt (S)**, die Aussage darüber ist das **Prädikat (P)**.

---

1 Der Name »konsonantische Konjugation« wird in Lektion 6, § 22 erklärt.

5

§ 4   Lektion 1

Welche Rolle **(syntaktische Funktion)** die einzelnen Wörter im Satz erfüllen, lässt sich durch die entsprechenden Fragen herausfinden:

Frage	Wer/Was tut/ist etwas?	Was wird ausgesagt? Was tut er/sie?
Satzglied/Satzstelle	Subjekt/Satzgegenstand	Prädikat/Satzaussage
Beispiele	Tullia Theophilus Quid	rīdet. magister est. dēlectat?
Zeichen	S	P

Die Satzstelle Subjekt kann von Substantiven oder Pronomina gefüllt sein:

> Studium prōdest.   Das Studium nützt.
> Quis laudat?   Wer lobt?

Im lateinischen Satz muss kein ausdrückliches Subjekt stehen, wenn der Zusammenhang klarstellt, wer gemeint ist:

> Tullia legit. Bene legit.   Tullia liest. Sie liest gut.

In diesem Fall steckt das Subjekt in der Endung des Prädikats.

Die Satzstelle Prädikat kann entweder durch ein **Vollverb** (z. B. rīdēre, cōgitāre) gefüllt sein:

> Quīntus rīdet.   Quintus lacht.

…oder durch ein **Hilfsverb** (esse) mit einem Nomen als Ergänzung; diese Ergänzung ist unbedingt notwendig, damit der Satz vollständig ist:

> Theophilus magister est.   Theophilus ist (ein) Lehrer.

Als Satzglied heißt diese Ergänzung **Prädikatsnomen.** Das Hilfsverb als Satzglied nennt man **Kopula** (»Band«). Prädikatsnomen und Kopula bilden zusammen das Prädikat.

Die Verneinung eines Prädikats geschieht mithilfe von nōn; nōn ist kein eigenes Satzglied, sondern ist hier Bestandteil des Prädikats:

> Quīntus nōn scrībit.   Quintus schreibt nicht.

6

Lektion 1 § 4

2. Adverbiale Bestimmungen

Magister valdē clāmat.   Der Lehrer schreit sehr.

Das Adverb valdē bezieht sich auf das Prädikat und bestimmt es näher. Als Satzglied heißt eine solche nähere Erläuterung adverbiale Bestimmung (Umstandsbestimmung). Zeichen für dieses Satzglied: aB.

Die adverbialen Bestimmungen haben unterschiedliche Bedeutungen:

Auf welche Art und Weise? Wie?	bene	gut	adverbiale Bestimmung der Art und Weise
Warum?	itaque	daher	adverbiale Bestimmung des Grundes
Wann?/Wie oft?	semper	immer	adverbiale Bestimmung der Zeit/ Häufigkeit

Die Satzstelle adverbiale Bestimmung kann durch ein Adverb (=Wortart!), aber auch durch eine substantivische Wendung gefüllt sein:

Quintus liest laut/mit lauter Stimme.

3. Satzbaupläne

1. Tullia scrībit.   Tullia schreibt.

    S   P   S   P

    S——P   S——P

2. Quīntus discipulus est.   Quintus ist Schüler.

    S   PN   Kopula   S   Kopula PN

               P   P

    S——————————P   S——————P

3. Theophilus saepe dictat.   Theophilus diktiert oft.

    S   aB   P   S   P   aB

    S——————————————P   S——————P
                    | |
                    aB   aB

4. Nōn semper clāmat.   Er schreit nicht immer.

    aB   P, S   S   P   aB

    S————P   S—P
         | |
         aB   aB

7

Lektion 2 §§ 5–9

§ 5 Bestimmung eines Substantivs

Ein Nomen kommt nicht immer in der Grundform vor, sondern kann verändert sein (vgl. Lektion 1, § 1). In welchem Fall (= **Kasus**) z. B. ein Substantiv steht, kann man durch eine entsprechende Frage erschließen:

Nominativ (1. Fall; Wer-Fall)	der Junge	das Haus	Wer/Was?
Genitiv (2. Fall; Wes-Fall)	des Jungen	des Hauses	Wessen?
Dativ (3. Fall; Wem-Fall)	dem Jungen	dem Haus	Wem?
Akkusativ (4. Fall; Wen-Fall)	den Jungen	das Haus	Wen/Was?

Um herauszufinden, in welchem Fall beispielsweise der Ausdruck »den Senator« steht, musst du ausprobieren, auf welches Fragewort (= Interrogativpronomen) die Antwort »den Senator« folgt. Es ist egal, was für eine Frage du dir ausdenkst, sie muss – hier – nur mit »Wen?« beginnen:

> Wen siehst du/grüßt man/schätzen die Römer? – Den Senator.
> »Den Senator« ist also Akkusativ.

Außerdem handelt es sich bei »den Senator« um nur eine Person; »den Senator« ist also Einzahl (= **Singular**). Wenn ein Wort mehrere Personen oder Dinge bezeichnet, steht es in der Mehrzahl (= **Plural**). Der Oberbegriff für Singular und Plural heißt **Numerus** (= Anzahl).

Nominativ Plural	die Jungen	die Häuser	Wer/Was?
Genitiv Plural	der Jungen	der Häuser	Wessen?
Dativ Plural	den Jungen	den Häusern	Wem?
Akkusativ Plural	die Jungen	die Häuser	Wen/Was?

Jetzt kannst du, wenn du noch das Genus des Wortes hinzunimmst, ein Substantiv vollständig bestimmen: »Die Römerinnen« = Nominativ oder Akkusativ Plural f.; denn du kannst fragen:

> Wer fand blonde Haare schick? – »Die Römerinnen« (= Nominativ)
> oder:
> Wen beschreibt der Autor? – »Die Römerinnen« (= Akkusativ).

Lektion 2 §§ 5–6

Innerhalb eines bestimmten Satzzusammenhangs gibt es nur selten mehr als eine Möglichkeit:

>Die Römerinnen konnten kein öffentliches Amt bekleiden.

Hier ist nur die Frage »Wer konnte kein öffentliches Amt bekleiden?« möglich. In diesem Beispiel muss »die Römerinnen« also Nominativ sein.

Ein Substantiv wird nach **Kasus**, **Numerus** und **Genus** (**KNG**) bestimmt.

§ 6 Akkusativ (Wen-Fall)

Bei den lateinischen Substantiven kannst du fast immer an der Endung des Wortes den Kasus und den Numerus erkennen:

tabul-**a**	=	Nom. Sg.	tabul-**am**	=	Akk. Sg.
fili-**us**	=	Nom. Sg.	fili-**um**	=	Akk. Sg.
senātor	=	Nom. Sg.	senātor-**em**	=	Akk. Sg.

Ob die Akkusativendung eines Wortes -um, -am oder -em heißt, ist abhängig von der Gruppe (= **Deklination**), zu der das Wort gehört. Innerhalb dieser Gruppen sind die Endungen für die Kasūs (= Mehrzahl von Kasus!) gleich.
Oft kann man schon am Nominativ, an der Grundform des Wortes, ablesen, zu welcher Deklination ein Substantiv gehört.

o-Deklination

Maskulinum auf -us

Nom. Sg.	fili-**us**	der Sohn
Akk. Sg.	fili-**um**	den Sohn

Maskulinum auf -(e)r

Nom. Sg.	magister	der Lehrer	puer	der Junge
Akk. Sg.	magistr-**um**	den Lehrer	puer-**um**	den Jungen

9

§ 6   Lektion 2

Neutrum auf -um

| Nom. Sg. | for-**um** | der Marktplatz |
| Akk. Sg. | for-**um** | den Marktplatz |

Für alle Substantive im Neutrum gilt: Nominativform = Akkusativform.

ā-Deklination

| Nom. Sg. | cūri-**a** | die Kurie |
| Akk. Sg. | cūri-**am** | die Kurie |

konsonantische Deklination

Nom. Sg.	senātor	der Senator
Akk. Sg.	senātor-**em**	den Senator
Nom. Sg.	frāter[1]	der Bruder
Akk. Sg.	frātr-**em**	den Bruder

Kennzeichen[2] für den Akkusativ Singular m. und den Akkusativ Singular f. ist das

-m.

---

[1] Substantive auf -er gehören entweder zur o- oder zur konsonantischen Deklination. Zu welcher Deklination das Substantiv gehört, erkennst du z. B. am Akkusativ Singular.

[2] Solche Kennzeichen werden auch Morpheme genannt.

Lektion 2 § 7

§ 7 Aufgaben des Akkusativs

Innerhalb eines Satzes kann ein Akkusativ unterschiedliche Aufgaben übernehmen:

1. Objekt

Quīntus Mārcum salūtat.	Quintus begrüßt Marcus. (Wen/Was begrüßt Quintus? – Marcus.)
Servus cēnam apportat.	Der Sklave bringt das Essen. (Wen/Was bringt der Sklave? – Das Essen.)
Puer tabulam mōnstrat.	Der Junge zeigt die Tafel. (Wen/Was zeigt der Junge? – Die Tafel.)

Mārcum, cēnam und tabulam füllen in diesen Sätzen die Satzstelle **Akkusativobjekt (AObj)**.

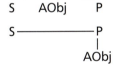

Nach dem Akkusativobjekt fragt man mit **Wen/Was?**

2. Adverbiale Bestimmung

Der Akkusativ gibt auch das Ziel auf die Frage »Wohin?« an. Dabei wird er oft mit einer **Präposition** (Verhältniswort) verbunden:

Senātor in cūriam it.   Der Senator geht in die Kurie.
                               (Wohin geht der Senator? – In die Kurie.)

Quīntus ad senātōrem venit.   Quintus kommt zum Senator.
                               (Wohin kommt Quintus? –
                               Zum Senator.)

In cūriam und ad senātōrem nehmen hier die Satzstelle **adverbiale Bestimmung des Ortes (aB [Ort])** ein.

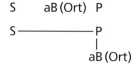

Beachte:

Viele Präpositionen fordern immer den Akkusativ, unabhängig davon, wie man fragt, z. B.: post cēnam – nach dem Essen.

§ 8   ī-Konjugation

Verben, die – wie venīre und audīre – ein ī vor der Infinitivendung haben, gehören zur ī-Konjugation (vgl. Lektion 1, § 3).

venī-re   veni-t   er, sie, es kommt
audī-re   audi-t   er, sie, es hört

§ 9   Der Infinitiv als Satzglied

(1)   Legere dēlectat.   Lesen macht Spaß.
(2)   Quīntus legere amat.   Quintus mag lesen.

In Beispiel 1 antwortet der Infinitiv auf die Frage »Wer/Was macht Spaß?« Er füllt also die Satzstelle Subjekt (S).
In Beispiel 2 antwortet der Infinitiv auf die Frage »Wen/Was mag Quintus?« Er füllt also die Satzstelle **Akkusativobjekt** (AObj).

Lektion 3 §§ 10–14

§ 10 Das Adjektiv als Attribut (Beifügung)

Mārcus servum fīdum vocat.   Marcus ruft den treuen Sklaven.
Syrus magnam umbram videt.   Syrus sieht einen großen Schatten.

Fīdum und magnam ergänzen die Substantive servum und umbram; sie geben als Attribut (Attr) die Eigenschaft bzw. Beschaffenheit des Sklaven/des Schattens an und antworten auf die Fragen:

Was für einen Sklaven?   **Was für einen Schatten?**

Mārcus servum fīdum vocat.   Syrus magnam umbram videt.
  S   AObj   Attr   P   S   Attr   AObj   P

S ─────────── P   S ─────────── P
              │   │
             AObj   AObj
              │   │
             Attr   Attr

Ein Adjektiv passt sich in

Kasus
Numerus } = **KöNiG**s-Regel
Genus

an sein Beziehungswort an. Man spricht auch von **KNG-Kongruenz** (= Übereinstimmung in Kasus, Numerus, Genus).

§§ 10–11   **Lektion 3**

Die Adjektive, die du bis jetzt kennst, haben

> im Maskulinum die Endungen der o-Deklination auf -us,
> im Femininum die der ā-Deklination auf -a und
> im Neutrum die der o-Deklination auf -um.

Man spricht deshalb von den Adjektiven der ā und o-Deklination.

Maskulinum

Nom. Sg.	serv-**us** fīd-**us**	der treue Sklave
Akk. Sg.	serv-**um** fīd-**um**	den treuen Sklaven

Das Adjektiv kann seine Deklination nicht verlassen; es muss also nicht immer dieselbe Endung haben wie sein Beziehungswort.

Nom. Sg.	clāmor magn-**us**	das große Geschrei
Akk. Sg.	clāmōr-**em** magn-**um**	das große Geschrei

Femininum

Nom. Sg.	vi-**a** lāt-**a**	die breite Straße
Akk. Sg.	vi-**am** lāt-**am**	die breite Straße
Nom. Sg.	nox obscūr-**a**	die dunkle Nacht
Akk. Sg.	noct-**em** obscūr-**am**	die dunkle Nacht

Neutrum

Nom. Sg.	for-**um** lāt-**um**	der weite Marktplatz
Akk. Sg.	for-**um** lāt-**um**	den weiten Marktplatz

§ 11   Das Adjektiv als Prädikatsnomen

> Syrus timidus est.   Syrus ist ängstlich.

Über Syrus erfährst du hier, dass er ängstlich ist, d. h., die Satzaussage lautet: »ist ängstlich«, timidus est. Die Satzstelle Prädikat ist durch die Kopula est und das Prädikatsnomen (PN) timidus gefüllt (vgl. Lektion 1, § 4, 1).

> Syrus timidus est.
>   S   PN   Kopula
> ‾‾‾‾‾‾‾‾‾‾‾‾‾‾
>   P
>
> S ——————— P

14

Lektion 3   §§ 11–13

Auch hier richtet sich das Adjektiv timidus in **K**asus, **N**umerus und **G**enus nach
seinem Beziehungswort dem Subjekt Syrus.

§ 12   Apposition

Subūra, vīcus dubius, …   Die Subura, ein unsicheres Viertel, …

ad Atticum, amīcum suum, …   an Atticus, seinen Freund, …

Durch die Zusätze vīcus dubius und amīcum suum erfährst du Näheres über die
Subūra bzw. über Atticus. Wenn die Satzstelle Attribut durch ein Substantiv, das
im gleichen Kasus wie sein Beziehungswort steht, gefüllt wird, so spricht man
von einer **Apposition**.
Eine Apposition erkennst du oft daran, dass sie durch Kommata eingerahmt wird.

§ 13   Wortart – Wortform – Satzglied

Du musst gut aufpassen, unter welchem Gesichtspunkt ein Wort betrachtet wer-
den soll. Du musst zwischen der Wortart, der Wortform und der Rolle, die das
Wort im Satzzusammenhang spielt, deutlich unterscheiden:

1.	Mārcus	servum	fīdum	vocat.
Wortart	Substantiv	Substantiv	Adjektiv	Verb
Wortform	Nom. Sg. m.	Akk. Sg. m.	Akk. Sg. m.	3. Pers. Sg.
Satzglied	S	AObj	Attr	P
2.	Nox		obscūra	est.
Wortart	Substantiv		Adjektiv	(Hilfs-)Verb
Wortform	Nom. Sg. f.		Nom. Sg. f.	3. Pers. Sg.
			P	
Satzglied	S		PN	Kopula
3.	Theophilus	est	Graecus.	
Wortart	Substantiv	(Hilfs-)Verb	Substantiv	
Wortform	Nom. Sg. m.	3. Pers. Sg.	Nom. Sg. m.	
		P		
Satzglied	S	Kopula	PN	

4.	Saepe	vituperat.			
Wortart	Adverb	Verb			
Wortform	–	3. Pers. Sg.			
Satzglied	aB	P, S			
5.	Mārcus	senātor	in	forum	it.
Wortart	Substantiv	Substantiv	Präposition	Substantiv	Verb
Wortform	Nom. Sg. m.	Nom. Sg. m.	–	Akk. Sg. n.	3. Pers. Sg.
Satzglied	S	Attr (Apposition)	aB		P

§ 14   Wortstellung im lateinischen Satz

Syrus epistulam ad Pompōnium apportāre dēbet.	Syrus muss den∕einen Brief zu Pomponius bringen.

Im lateinischen Satz ist die Wortstellung relativ frei. Der Anfang und das Ende eines Satzes sind die Stellen, die besonders betont sind. Daher steht das Subjekt meist am Satzanfang (oder sehr bald danach), während sich das Prädikat gewöhnlich am Satzende findet.

Von dieser Regel wird dann abgewichen, wenn etwas anderes besonders herausgehoben werden soll:

Mārcus senātor scrībit epistulam.	Der Senator Marcus schreibt einen Brief (und nicht etwa eine Rede).

Überlege: An welcher Stelle steht im deutschen Satz das Prädikat?

Lektion 4 §§ 15–17

§ 15 Bestimmung einer Verbform

Im Deutschen zeigt das persönliche Fürwort (= **Personalpronomen**) an, ob eine Person (oder Sache) von sich selbst redet, ob sie angesprochen wird oder ob man etwas über sie berichtet:

1. Person Singular: ich male	1. Person Plural: wir malen
2. Person Singular: du malst	2. Person Plural: ihr malt
3. Person Singular: er/sie/es malt	3. Person Plural: sie malen

Die Form »ich male« steht also in der 1. Person Singular. Außerdem kannst du der Form entnehmen, dass das Malen in der Gegenwart (= **Präsens**) geschieht und dass das Ich selbst etwas tut, selbst **aktiv** ist (statt »ich werde gemalt« = **Passiv**).

»ich male« = 1. Person Singular Präsens **Aktiv**

§ 16 Die 3. Person Plural

Im Lateinischen kannst du an der Endung der Verbform sowohl die **Person** (vgl. Lektion 1, § 3) als auch das **Genus verbi** (= Oberbegriff für Aktiv – Passiv) erkennen.

specta-t = 3. Person Singular Präsens Aktiv

ā-Konjugation

Infinitiv	vocā-re	
3. Pers. Sg. Präs. Akt.	voca-t	
3. Pers. Pl. Präs. Akt.	voca-**nt**	sie rufen

ē-Konjugation

Infinitiv	timē-re	
3. Pers. Sg. Präs. Akt.	time-t	
3. Pers. Pl. Präs. Akt.	time-**nt**	sie fürchten (sich)

konsonantische Konjugation[1]

Infinitiv	currere	
3. Pers. Sg. Präs. Akt.	curr-i-t	
3. Pers. Pl. Präs. Akt.	curr-u-**nt**	sie laufen

---

1 Zur konsonantischen Konjugation vgl. Lektion 6, § 22.

§ 16 Lektion 4

konsonantische Konjugation mit i-Erweiterung

Manche Verben der konsonantischen Konjugation haben in einigen Formen ein zusätzliches i = **i-Erweiterung**[1].

Infinitiv	fac-e-re		incip-e-re	
3. Pers. Sg. Präs. Akt.	fac-i-t		incip-i-t	
3. Pers. Pl. Präs. Akt.	fac-**i**-u**nt**	sie machen	incip-**i**-u**nt**	sie fangen an

ī-Konjugation

Infinitiv	dormī-re	
3. Pers. Sg. Präs. Akt.	dormit	
3. Pers. Pl. Präs. Akt.	dormi-u**nt**	sie schlafen

unregelmäßige Verben

Infinitiv	esse	
3. Pers. Sg. Präs. Akt.	es-t	
3. Pers. Pl. Präs. Akt.	su-**nt**	sie sind

Infinitiv	īre		circumīre	
3. Pers. Sg. Präs. Akt.	i-t		circumi-t	
3. Pers. Pl. Präs. Akt.	eu-**nt**	sie gehen	circumeu-**nt**	sie gehen umher

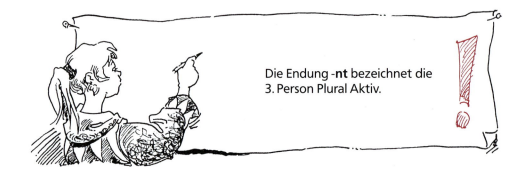

Die Endung -**nt** bezeichnet die 3. Person Plural Aktiv.

---

1 Zur i-Erweiterung vgl. Lektion 6, § 22.

Lektion 4   § 17

§ 17   Nominativ und Akkusativ Plural

1. Substantive

o-Deklination			
Maskulinum auf -us	Singular	Plural	
Nom. (Wer?/Was?)	amīc-us	amīc-**ī**	die Freunde
Akk. (Wen?/Was?)	amīc-um	amīc-**ōs**	die Freunde
Maskulinum auf -er	Singular	Plural	
Nom. (Wer?/Was?)	puer	puer-**ī**	die Jungen
Akk. (Wen?/Was?)	puer-um	puer-**ōs**	die Jungen
	ager	agr-**ī**	die Felder
	agr-um	agr-**ōs**	die Felder
Neutrum auf -um	Singular	Plural	
Nom. (Wer?/Was?)	vīn-um	vīn-**a**	die Weine
Akk. (Wen?/Was?)	vīn-um	vīn-**a**	die Weine

Auch für die Pluralformen gilt die Neutrum-Regel (vgl. Lektion 2, § 6): Nominativ und Akkusativ haben dieselbe Endung.

ā-Deklination			
	Singular	Plural	
Nom. (Wer?/Was?)	epistul-a	epistul-**ae**	die Briefe
Akk. (Wen?/Was?)	epistul-am	epistul-**ās**	die Briefe

konsonantische Deklination			
	Singular	Plural	
Nom. (Wer?/Was?)	arbor	arbōr-**ēs**	die Bäume
Akk. (Wen?/Was?)	arbōr-em	arbōr-**ēs**	die Bäume
Nom. (Wer?/Was?)	frāter	frātr-**ēs**	die Brüder
Akk. (Wen?/Was?)	frātr-em	frātr-**ēs**	die Brüder

19

§ 17   Lektion 4

2. Adjektive

Die Adjektive der ā- und o-Deklination haben dieselben Endungen wie die Substantive dieser beiden Deklinationen (vgl. auch Lektion 3, § 10). Also:

	Singular		Plural	
Nom.	serv-us sēdul-us	der fleißige Sklave	serv-ī sēdul-ī	die fleißigen Sklaven
Akk.	serv-um sēdul-um	den fleißigen Sklaven	serv-ōs sēdul-ōs	die fleißigen Sklaven
Nom.	senātor fīd-us	der zuverlässige Senator	senātōr-ēs fīd-ī	die zuverlässigen Senatoren
Akk.	senātōr-em fīd-um	den zuverlässigen Senator	senātōr-ēs fīd-ōs	die zuverlässigen Senatoren
Nom.	amīc-us piger	der faule Freund	amīc-ī pigr-ī	die faulen Freunde
Akk.	amīc-um pigrum	den faulen Freund	amīc-ōs pigr-ōs	die faulen Freunde
Nom.	arbor magn-a	der große Baum	arbōr-ēs magn-ae	die großen Bäume
Akk.	arbōr-em magn-am	den großen Baum	arbōr-ēs magn-ās	die großen Bäume
Nom.	vīn-um dubi-um	der zweifelhafte Wein	vīn-a dubi-a	die zweifelhaften Weine
Akk.	vīn-um dubi-um	den zweifelhaften Wein	vīn-a dubi-a	die zweifelhaften Weine

20

Lektion 5 §§ 18–21

§ 18   Ablativ

Plīnius in hortō ambulat.　　Plinius geht im Garten spazieren.
　　　　　　　　　　　　　　(Wo geht Plinius spazieren? –
　　　　　　　　　　　　　　Im Garten.)

Plīnius <u>in hortō</u> ambulat.
　S　　　aB　　　P

　S————————P
　　　　　　　|
　　　　　　　aB

Für sehr viele adverbiale Bestimmungen gibt es im Lateinischen einen eigenen Kasus, den Ablativ. Oft steht er in Verbindung mit einer Präposition.

§ 19   Formen des Ablativs

o-Deklination

	Maskulinum auf -us	
Sg.	cum amīc-**ō**	mit dem Freund
Pl.	cum amīc-**īs**	mit den Freunden
	Maskulinum auf -er	
Sg.	cum magistr-**ō**	mit dem Lehrer
Pl.	cum magistr-**īs**	mit den Lehrern
	Neutrum auf -um	
Sg.	vīn-**ō**	durch den Wein
Pl.	vīn-**īs**	durch die Weine

ā-Deklination

Sg.	in silv-**ā**	im Wald
Pl.	in silv-**īs**	in den Wäldern

konsonantische Deklination

Sg.	magn-**ō** (cum) labōr-**e**	mit großer Mühe
Pl.	magn-**īs** (cum) labōr-**ibus**	mit großen Mühen

§ 20   Lektion 5

§ 20   Semantische Funktionen des Ablativs

Die adverbialen Bestimmungen im Ablativ haben vielfältige Bedeutungen (semantische Funktionen):

(1)   Plīnius in lectō manet.   Plinius bleibt im Bett. (Wo bleibt
                                             Plinius? – Im Bett.)

(2)   Amīcī ex vīllīs veniunt.   Die Freunde kommen aus ihren
                                             Landhäusern. (Woher kommen die
                                             Freunde? – Aus ihren Landhäusern.)

(3)   Plīnius hōrā quārtā ambulat.   Plinius geht zur vierten Stunde
                                             spazieren. (Wann geht Plinius
                                             spazieren? – Zur vierten Stunde.)

(4)   Plīnius plēbem magnā pecūniā   Plinius unterstützt das Volk mit viel
        adiuvat.   Geld. (Womit unterstützt Plinius das
                                             Volk? – Mit viel Geld.)

(5)   Servus magnā cūrā scrībit.   Der Sklave schreibt mit großer Sorgfalt.
                                             (Wie schreibt der Sklave? – Mit großer
                                             Sorgfalt.)

(6)   Plīnius cum amīcīs cēnat.   Plinius isst mit seinen Freunden. (Mit
                                             wem isst Plinius? – Mit seinen Freunden.)

Beispiel	Frage	Semantische Funktion	Name des Ablativs
in lectō im Bett	Wo?	Ort	ablātīvus locī
ex vīllīs aus den Landhäusern	Wovon (weg)? Woher?	Trennung	ablātīvus sēparātīvus
hōrā quārtā zur vierten Stunde	Wann?	Zeit	ablātīvus temporis
magnā pecūniā mit viel Geld	Womit? Wodurch?	Mittel Werkzeug	ablātīvus īnstrūmentī
magnā cūrā mit großer Sorgfalt	Wie? Auf welche Weise?	Art und Weise	ablātīvus modī
cum amīcīs mit den Freunden	Mit wem?	Begleitung	ablātīvus sociātīvus
cum tabulā mit einer Tafel	Mit was?	Begleitung	ablātīvus sociātīvus

22

Lektion 5 § 21

§ 21 Die Präposition in

Nach der lateinischen Präposition in steht der Akkusativ oder der Ablativ.

>Tullia in vīllam it.   Tullia geht in das Landhaus.
>Tullia in vīllā est.   Tullia ist im Landhaus.

Auf die Frage »Wohin?« antwortet der Akkusativ, auf die Frage »Wo?« der Ablativ.

Lektion 6 §§ 22–27

§ 22 1. und 2. Person Singular und Plural Präsens Aktiv

ag-**ō**	ich handele
audī-**s**	du hörst
invītā-**mus**	wir laden ein
vīsitā-**tis**	ihr besucht

So wie du an den Endungen -t und -nt die 3. Person Singular und die 3. Person Plural eines Verbs erkennen kannst, so gibt es auch für die anderen Personen eine eigene Personalendung. Die Kennzeichen dafür sind:

1. Person Singular:	-**ō**	»ich (xe)«
2. Person Singular:	-**s**	»du (xt)»
1. Person Plural:	-**mus**	»wir (xen)«
2. Person Plural:	-**tis**	»ihr (xt)«

Diese Endungen werden an den Verbstamm (= Infinitiv minus Infinitivendung -re) angefügt. Damit kannst du nun das Präsens aller Verben bilden:

	ā-Konjugation	ē-Konjugation	ī-Konjugation
1. Pers. Sg.	vocō ich rufe	vide-ō ich sehe	audi-ō ich höre
2. Pers. Sg.	vocā-s	vidē-s	audī-s
3. Pers. Sg.	voca-t	vide-t	audi-t
1. Pers. Pl.	vocā-mus	vidē-mus	audī-mus
2. Pers. Pl.	vocā-tis	vidē-tis	audī-tis
3. Pers. Pl.	voca-nt	vide-nt	audi-u-nt

Beachte:

Bei der ā-Konjugation verschmilzt in der 1. Person Singular das -ā des Wortstamms mit der Personalendung -o zu -ō (labōrō ist aus *labōrā-o[1] entstanden).

	konsonantische Konjugation
1. Pers. Sg.	mitt-ō ich schicke
2. Pers. Sg.	mitt-i-s
3. Pers. Sg.	mitt-i-t
1. Pers. Pl.	mitt-i-mus
2. Pers. Pl.	mitt-i-tis
3. Pers. Pl.	mitt-u-nt

---

1 Das Sternchen vor einem lateinischen Wort bedeutet immer, dass es in dieser Form nicht vorkommt.

Lektion 6 § 22

Beachte:

1. Bei mittere gehört das -e- vor der Infinitivendung nicht zum Wortstamm, sondern ist eingeschoben; der Stamm endet auf -t, einen Mitlaut = **Konsonanten**. Verben wie mit**t**-e-re, ven**d**-e-re, scr**ī b**-e-re usw., deren Stamm auf einen Konsonanten endet, gehören zur **konsonantischen Konjugation**.
2. Bei den Verben der konsonantischen Konjugation kann nur die Personalendung der 1. Person Singular unmittelbar an den Wortstamm angefügt werden. Bei den anderen Formen braucht man einen sog. **Bindevokal**: bei der 3. Person Plural ein -u-, bei allen anderen Personen ein -i-.

konsonantische Konjugation mit i-Erweiterung

Manche Verben der konsonantischen Konjugation haben in der 1. Person Singular und der 3. Person Plural ein zusätzliches -i- vor der Personalendung, eine sog. **i-Erweiterung**. Verben dieses Typs gehören zur »konsonantischen Konjugation mit i-Erweiterung« (vgl. Lektion 4, § 16).

1. Pers. Sg.	fac-**ī**-ō	ich mache
2. Pers. Sg.	fac-i-s	
3. Pers. Sg.	fac-i-t	
1. Pers. Pl.	fac-i-mus	
2. Pers. Pl.	fac-i-tis	
3. Pers. Pl.	fac-**i**-unt	

Ebenso: incipere, incip**i**ō

Wenn ein Verb zur konsonantischen Konjugation mit i-Erweiterung gehört, ist im Vokabelverzeichnis neben dem Infinitiv von jetzt an immer auch die 1. Person Singular mitangegeben.

Das »Merkwort« für die Personalendungen des Präsens Aktiv lautet:

»-ō -s -t -mus -tis -nt«.

§§ 23–24   Lektion 6

§ 23 Imperativ (Befehlsform)

Ein Befehl kann sich an eine (»Komm!«) oder mehrere Personen (»Kommt!«)
richten. Der Imperativ Singular entspricht (außer bei der konsonantischen Kon-
jugation, wo ein -e angefügt wird) dem Wortstamm, den Imperativ Plural er-
kennst du an der Endung **-te**.

ā-Konjugation	Imp. Sg.	vocā	rufe!
	Imp. Pl.	vocā-**te**	ruft!
ē-Konjugation	Imp. Sg.	vidē	sieh!
	Imp. Pl.	vidē-**te**	seht!
ī-Konjugation	Imp. Sg.	audī	hör(e)!
	Imp. Pl.	audī-**te**	hört!
kons. Konjugation	Imp. Sg.	mitt-**e**	schicke!
	Imp. Pl.	mitt-i-**te**	schickt!
kons. Konjugation mit i-Erweiterung	Imp. Sg.	incip-e	fang an!
	Imp. Pl.	incip-i-**te**	fangt an!

Ausnahme: fac   mach(e)!

§ 24   Präsens von esse, prōdesse und posse

1. Präsens von **esse, »sein«:**

	Singular		Plural	
1. Pers.	sum	ich bin	sumus	wir sind
2. Pers.	es	du bist	estis	ihr seid
3. Pers.	est	er/sie/es ist	sunt	sie sind
Imp.	es!	sei!	este!	seid!

2. **Prōdesse, »nützen«,** hat dieselben Endungen wie esse:

	Singular		Plural	
1. Pers.	prōsum	ich nütze,	prōsumus	
2. Pers.	prōdes	bin nützlich	prōdestis	
3. Pers.	prōdest		prōsunt	
Imp. Sg.	prōdes!	nütze!	prōdeste!	nützt!

26

Versuche herauszufinden, warum die Vorsilbe (das **Präfix**) des Verbs einmal prōd- und ein anderes Mal prō- heißt.

3. Ähnliche Formen hat auch das Verb **posse, »können«**, entstanden aus *potesse):

	Singular	Plural
1. Pers.	possum ich kann	possumus
2. Pers.	potes	potestis
3. Pers.	potest	possunt

Warum gibt es wohl zu posse keine Imperative?

Kannst du eine Regel erkennen, nach welcher der Stamm des Verbs einmal pot- und einmal pos- heißt?

§ 25 Vokativ

Venī mēcum, Tit**e**!   Komm mit mir, Titus!
Valē, Mārci**a**!   Leb wohl, Marcia!
Vōs magistr**ī**!   Ihr Lehrer!

Im Unterschied zum Deutschen hat das Lateinische für die Anrede einen besonderen Kasus, den Vokativ (vocāre: rufen).

Normalerweise hat der Vokativ dieselben Endungen wie der Nominativ Singular und Plural, nur in der o-Deklination, und da auch nur im Singular der Nomina auf -us, ist die Anredeform an einer eigenen Endung zu erkennen:

o-Deklination (amīcus)		
Vokativ Singular	amīc-**e**	(He,/Hallo,) (mein) Freund!
Vokativ Plural	amīc-ī	(liebe) Freunde!
ā-Deklination (puella)		
Vokativ Singular	puell-a	(He,/Hallo,) Mädchen!
Vokativ Plural	puell-ae	(liebe) Mädchen!
konsonantische Deklination (senātor)		
Vokativ Singular	Salvē, senātor!	Sei gegrüßt, Senator!
Vokativ Plural	Salvēte, senātōr-ēs!	Seid gegrüßt, ihr Senatoren!

Ausnahme:

Substantive der o-Deklination auf -ius bilden den Vokativ auf **-ī**:

    Lūcius → Lūc-**ī**   (He,/Hallo,) (mein) Lucius!

§ 26 Personalpronomen

    Visitāsne nōs post labōrem?   Besuchst du uns nach der Arbeit?

Auch die persönlichen Fürwörter (= Personalpronomina) »ich; du; wir; ihr« können dekliniert werden:

	1. Pers. Sg.		2. Pers. Sg.		1. Pers. Pl.		2. Pers. Pl.	
Nom.	egō	ich	tū	du	nōs	wir	vōs	ihr
Akk.	mē	mich	tē	dich	nōs	uns	vōs	euch
Abl.	ā mē	von mir	ā tē	von dir	ā nōbīs	von uns	ā vōbīs	von euch

Beachte:

1. Im Nominativ steht das Personalpronomen nur, wenn die Person besonders betont werden soll:

    Egō labōrō, tū dormīs.   Ich arbeite, du (aber) schläfst.

2. In Verbindung mit der Präposition cum lauten die Formen:

    mēcum, tēcum, nōbīscum, vōbīscum.

Lektion 6   § 27

§ 27   Fragesätze

1. Wort- oder Ergänzungsfragen

Quem vīsitās?   Wen besuchst du?
Lūcium amīcum (vīsitō).   (Ich besuche) meinen Freund Lucius.

Cūr Plīnius lībertum amat?   Warum mag Plinius seinen Frei-
                                     gelassenen?

Zōsimus doctus et fīdus est.   Zosimus ist gebildet und zuverlässig.

Quid agis?   Was tust du?
Nihil (agō).   (Ich tue) nichts.

Fragen, die durch ein Fragefürwort = **Interrogativpronomen** (wie z.B. quis,
quem, quid) oder eine Frageadverb (z.B. cūr) eingeleitet werden, nennt man
Wort- oder Ergänzungsfragen.

2. Satzfragen

Andere Fragen beziehen sich auf die Aussage des ganzen Fragesatzes: Man
möchte wissen, ob die gefragte Person zustimmt oder nicht.
Im Lateinischen kann man – wie im Deutschen übrigens auch – durch das Frage-
wort, die **Fragepartikel**, zeigen, welche Antwort man erwartet.

a)   Num Herculēs sum?   Bin ich denn/etwa Herkules?
                                      (– Nein, natürlich nicht.)

Nach num…? wird eine negative Antwort erwartet.

b)   Nōnne audīs?   Hörst du nicht?/Du hörst doch?
                                      (– Ja, doch, ich höre.)

Nach nōnne…? rechnet man mit einer Zustimmung.

c)   Vīsitāsne mē post cēnam?   Besuchst du mich nach dem Abend-
                                      essen?

Die angehängte Partikel -ne legt keine bestimmte Antwort nahe. Die fragende
Person hält sowohl die Antwort »ja« als auch die Antwort »nein« für möglich.

29

Lektion 7 §§ 28–31

§ 28 Formen des Genitivs

o-Deklination (Maskulinum und Neutrum)			
Singular		Plural	
amīc-**ī**	des Freundes	amīc-**ōrum**	der Freunde
puer-**ī**	des Jungen	puer-**ōrum**	der Jungen
exempl-**ī**	des Beispiels	exempl-**ōrum**	der Beispiele
ā-Deklination			
puell-**ae**	des Mädchens	puell-**ārum**	der Mädchen
konsonantische Deklination			
senātōr-**is**	des Senators	senātōr-**um**	der Senatoren
virgin-**is**	des jungen Mädchens	virgin-**um**	der jungen Mädchen

Manche Substantive[1] bilden den Genitiv Plural auf **-ium**:

1. Substantive, deren Wortstamm auf zwei (oder mehr) Konsonanten endet: z. B.
   adulēsce**nt**- oder u**rb**-

adulēscent-**is**	des jungen Mannes	adulēscent-**ium**	der jungen Männer
urb-**is**	der Stadt	urb-**ium**	der Städte

Ausnahmen: mātr-**um** der Mütter frātr-**um** der Brüder

2. Zweisilbige Substantive mit der Nominativ-Endung **-is** oder **-ēs**, die im Genitiv
   ebenfalls zwei Silben haben (»gleichsilbiger Genitiv«): z. B. clādēs, clādis

clād-**is**	der Niederlage	clād-**ium**	der Niederlagen

---

1 Vgl. Lektion 21, § 103.

Lektion 7 §29

§ 29 Semantische Funktionen des Genitivs

1. Der **genitīvus possessīvus** zeigt den Besitzer an:

   filiī aliōrum senātōrum   die Söhne anderer Senatoren

   Als Ergänzung zu est steht er in übertragener Bedeutung im Sinne von »es ist jemandes Sache/Pflicht/Aufgabe« o. ä.:

   Virginis est mātrem adiuvāre.   Es ist Sache/Aufgabe/Pflicht eines jungen Mädchens, die Mutter zu unterstützen.

2. Der **genitīvus subiectīvus** gibt an, wer etwas empfindet oder tut:

   timor Pūbliī   die Angst des Publius (= Publius hat Angst; Publius ist »logisches« Subjekt)

   studium Cicerōnis   die Bemühung Ciceros (= Cicero bemüht sich; Cicero ist »logisches« Subjekt)

3. Der **genitīvus obiectīvus** gibt an, worauf eine Empfindung oder Handlung gerichtet ist:

   timor clādis   die Furcht vor der Niederlage (»Niederlage« ist »logisches« Objekt der Furcht)

   studium pecūniae   das Streben nach Geld (das Geld ist das Ziel des Strebens; »Geld« ist »logisches« Objekt)

Manchmal ist ein Ausdruck nicht eindeutig:

   timor patris   1. die Angst des Vaters (genitīvus subiectīvus)
                          2. die Angst vor dem Vater (genitīvus obiectīvus)

In solchen Fällen musst du aus dem Zusammenhang erschließen, wie der Genitiv zu verstehen ist.

§ 30 Der Genitiv als Satzglied

Attribut

Der Genitiv kann als Attribut (»Beifügung«) ein anderes Satzglied erweitern:

1. Er steht z. B. als (Genitiv-/substantivisches) Attribut zum Subjekt:

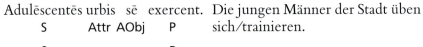

Adulēscentēs urbis sē exercent. Die jungen Männer der Stadt üben
     S   Attr AObj   P   sich/trainieren.

```
S───────────────P
│               │
Attr           AObj
```

2. ...zum Akkusativ-Objekt:

Conveniō filiōs senātōrum. Ich treffe die Söhne der Senatoren.
  S, P   AObj   Attr

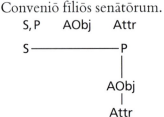

3. ...zum Prädikatsnomen:

Istī sunt lūdī puellārum. Das sind Spiele der Mädchen.
 S Kopula PN   Attr
       P

```
S────────P
     (Kopula+PN)
         │
        Attr
```

§ 31 alius, alia, aliud   ein anderer, eine andere, ein anderes

Der Nominativ und der Akkusativ Singular n. von alius haben die Sonderform ali**ud**.

Lektion 8 §§ 32–35

§ 32 Der aci als Satzglied

(1)   Titus clāmōrem audit.   Titus hört das Geschrei. (Wen oder was hört Titus? – Das Geschrei.)

(2)   Titus virōs clāmāre audit.   Titus hört die Männer schreien. (Wen oder was hört Titus? – Die Männer schreien)

Die Satzstelle Akkusativobjekt wird in Satz 1 durch clāmōrem, in Satz 2 durch virōs clāmāre gefüllt.

Betrachten wir Satz 2 näher. In ihm sind zwei Aussagen zusammengefasst, nämlich:

a)   Virī clāmant.   Die Männer schreien.
b)   Titus audit.   Titus hört es.

Virī, das Subjekt des Satzes a), erscheint in Satz 2 als virōs, also als Akkusativ; clāmant, das Prädikat des Satzes a), erscheint in Satz 2 als clāmāre, also als Infinitiv.

Man nennt diese Konstruktion daher **accūsātīvus cum īnfīnītīvō** (Akkusativ mit Infinitiv), kurz: aci. Der aci kommt im Lateinischen häufig vor und kann die Satzstelle Akkusativobjekt füllen.

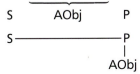

Wenn zu dem Infinitiv ein Prädikatsnomen hinzutritt, steht auch das Prädikatsnomen im Akkusativ:

Gāius aquam frīgidam esse gaudet.   Gaius freut sich, dass das Wasser kalt ist.

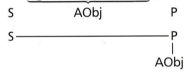

§ 33 Übersetzung des aci

»Titus virōs clāmāre audit« lässt sich wörtlich ins Deutsche übersetzen: »Titus hört die Männer schreien.« Der Akkusativ virōs wird mit dem Akkusativ »die Männer«, der Infinitiv clāmāre mit dem Infinitiv »schreien« wiedergegeben.

Meistens ist aber eine wörtliche Übersetzung des aci nicht möglich:

Adulēscentēs Rōmānōs in Campō Mārtiō sē exercēre sciō.

In solchen Fällen gibt man, nachdem man das Prädikat übersetzt hat, den aci durch einen **dass-Satz** wieder:

Ich weiß, **dass** die römischen jungen Männer auf dem Marsfeld trainieren.

Der lateinische Akkusativ wird dabei zum Subjekt, der lateinische Infinitiv zum Prädikat des dass-Satzes.

Daher könntest du – ohne dass sich der Sinn ändert – Satz 2 auch so übersetzen:

Titus virōs clāmāre audit.   Titus hört, dass die Männer schreien.

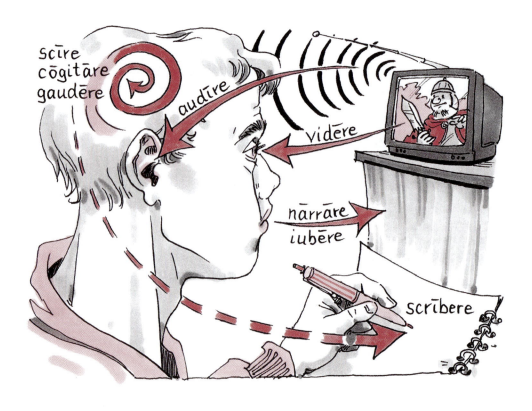

Lektion 8   §§ 33–35

Der aci steht oft bei Verben

des Mitteilens	z. B.: nārrāre, scrībere
der Wahrnehmung	z. B.: audīre, vidēre
des Wissens und Denkens	z. B.: scīre, cōgitāre
der Empfindung	z. B.: gaudēre
außerdem bei	iubēre

§ 34   Erweiterungen des aci

Ein aci kann durch andere Satzglieder erweitert sein:

1. durch ein Attribut:

Paucōs virōs adesse gaudent.   Sie freuen sich, dass (nur) wenige
                                 Männer da sind.

2. durch ein Objekt:

Servum vestēs cūstōdīre iubent. Sie befehlen, dass der Sklave die Kleider
                                 bewacht.

Um die beiden Akkusative servum und vestēs, die hier im Satz unterschiedliche
Aufgaben erfüllen, zu unterscheiden, nennt man den Akkusativ, der zum Subjekt
des dass-Satzes wird (hier also servum), **Subjektsakkusativ** und den Akkusativ,
der als Akkusativobjekt übersetzt wird (hier vestēs), **Objektsakkusativ**. Im aci
steht der Subjektsakkusativ normalerweise vor dem Objektsakkusativ.

3. durch eine adverbiale Bestimmung:

Amīcī venditōrēs strīdulā cum   Die Freunde hören, dass die Verkäufer
vōce vīna sua laudāre audiunt.   ihre Weine mit kreischender Stimme
                                 loben.

§ 35   esse als Vollverb

Ubīque silentium est.   Überall ist (herrscht) Ruhe.

Esse wird hier als Vollverb gebraucht, d. h., es bildet ohne Ergänzung das Prädikat.

Auch im aci kann der Infinitiv esse als Vollverb gebraucht sein:

Quīntus ubīque silentium   Quintus freut sich, dass überall Ruhe ist
esse gaudet.   (Ruhe herrscht).

35

Lektion 9 §§ 36–41

§ 36 Der Dativ als Satzglied

Mercātōrēs multās rēs mīlitibus vendunt.	Die Kaufleute verkaufen den Soldaten viele Dinge.
Mīlitēs Germānīs īnsidiās parant.	Die Soldaten stellen den Germanen eine Falle.

Auf die Frage »Wem?« antwortet der Dativ. Die im Dativ stehende Ergänzung zum Prädikat heißt **Dativobjekt**:

(1) Vōbīs īnfēstī nōn sumus.   Wir sind euch nicht feindlich gesonnen.
    DObj PN   Kopula   (Wem sind wir nicht feindlich
          ‾‾‾‾‾‾‾‾‾‾‾‾‾   gesonnen? – Euch.)
              P, S

(2) Mercātōrēs mīlitibus multās rēs vendunt.   Die Kaufleute verkaufen
         S   DObj   Attr AObj   P   den Soldaten viele Dinge.
                                               (Wem verkaufen die Kauf-
                                               leute viele Dinge? –
                                               Den Soldaten.)

(3) Pecūnia mihi nōn est.   * Geld ist mir nicht. = Ich habe kein
       S   DObj   P   Geld (vgl. § 37, 1).

---

* Die mit einem Sternchen * gekennzeichneten Sätze geben ab hier die »wörtliche« Übersetzung wieder, die im Deutschen so nicht bleiben kann.

Lektion 9 § 37

§ 37 Semantische Funktionen des Dativs

Unabhängig von seiner Rolle als Satzglied läßt sich der Dativ auch inhaltlich näher beschreiben (vgl. Lektion 7, § 29):

1. Der **datīvus possessīvus** steht als Ergänzung zu einer Form von esse, das dann nicht mehr als Hilfsverb, sondern als Vollverb gebraucht ist, und gibt den Besitzer an:

   Estne tibi pecūnia, Rusufula?   * Ist dir Geld, Rusufula? = Hast du Geld, Rusufula?

In diesen Fälle wird der Dativ als Nominativ und esse mit »haben/besitzen« übersetzt.

2. Der **datīvus fīnālis** steht – meist neben einem weiteren Dativ – bei einer (als Vollverb gebrauchten) Form von esse und gibt den Zweck oder die Wirkung an. Manchmal kann man ihn mit der Frage »Wozu?« erschließen.

   Lūna Rōmānīs salūtī est.   * Der Mond ist den Römern zur Rettung. = Der Mond bringt den Römern (die) Rettung.

   Salūs Zōsimī lībertī Plīniō cūrae est.   * Die Gesundheit seines Freigelassenen Zosimus ist (dem) Plinius zur Sorge. = Die Gesundheit seines Freigelassenen Zosimus macht Plinius Sorge/Plinius sorgt sich um die Gesundheit seines Freigelassenen Zosimus.

Du darfst dich bei dem finalen Dativ mit esse nie mit der »wörtlichen« Übersetzung zufrieden geben, sondern musst nach einem treffenden deutschen Ausdruck suchen.

§ 38   Lektion 9

§ 38   Formen des Dativs

o-Deklination

Maskulinum auf -us					
	Singular		Plural		
Nom.	serv-us	der Sklave	serv-ī	die Sklaven	
Gen.	serv-ī	des Sklaven	serv-ōrum	der Sklaven	
Dat.	serv-**ō**	**dem Sklaven**	serv-**īs**	**den Sklaven**	
Akk.	serv-um	den Sklaven	serv-ōs	die Sklaven	
Abl.	serv-ō		serv-īs		
	cum serv-ō	mit dem Sklaven	cum servīs	mit den Sklaven	

Maskulinum auf -er					
	Singular		Plural		
Nom.	puer	der Junge	puer-ī	die Jungen	
Gen.	puer-ī	des Jungen	puer-ōrum	der Jungen	
Dat.	puer-**ō**	**dem Jungen**	puer-**īs**	**den Jungen**	
Akk.	puer-um	den Jungen	puer-ōs	die Jungen	
Abl.	puer-ō		puer-īs		
	cum puerō	mit dem Jungen	cum puer-īs	mit den Jungen	

Neutrum auf -um					
	Singular		Plural		
Nom.	sīgn-um	das Zeichen	sīgn-a	die Zeichen	
Gen.	sīgn-ī	des Zeichens	sīgn-ōrum	der Zeichen	
Dat.	sīgn-**ō**	**dem Zeichen**	sīgn-**īs**	**den Zeichen**	
Akk.	sīgn-um	das Zeichen	sīgn-a	die Zeichen	
Abl.	sīgn-ō	durch das Zeichen	sīgn-īs	durch die Zeichen	

ā-Deklination

	Singular		Plural		
	Singular		Plural		
Nom.	silv-a	der Wald	silv-ae	die Wälder	
Gen.	silv-ae	des Waldes	silv-ārum	der Wälder	
Dat.	silv-**ae**	**dem Wald**	silv-**īs**	**den Wäldern**	
Akk.	silv-am	den Wald	silv-ās	die Wälder	
Abl.	silv-ā		silv-īs		
	ē silvā	aus dem Wald	ē silvīs	aus den Wäldern	

Lektion 9 §§ 38–39

konsonantische Deklination

	Singular		Plural	
Nom.	mulier	die Frau	mulier-ēs	die Frauen
Gen.	mulier-is	der Frau	mulier-um	der Frauen
Dat.	mulier-ī	**der Frau**	mulier-**ibus**	**den Frauen**
Akk.	mulier-em	die Frau	mulier-ēs	die Frauen
Abl.	mulier-e		mulier-ibus	
	cum muliere	mit der Frau	cum mulieribus	mit den Frauen

Innerhalb einer Deklination haben der Dativ und der Ablativ Plural immer dieselbe Endung.

§ 39 Dativ des Personalpronomens

	1. Pers. Singular		2. Pers. Singular	
Nom.	egō	ich	tū	du
Dat.	**mihi**	**mir**	**tibi**	**dir**
Akk.	mē	mich	tē	dich
Abl.	mē		tē	
	ā mē	von mir	ā tē	von dir

	1. Pers. Plural		2. Pers. Plural	
Nom.	nōs	wir	vōs	ihr
Dat.	**nōbīs**	**uns**	**vōbīs**	**euch**
Akk.	nōs	uns	vōs	euch
Abl.	nōbīs		vōbīs	
	ā nōbīs	von uns	ā vōbīs	von euch

§ 40   ē-Deklination

	Singular		Plural	
Nom.	r-ēs	die Sache	r-ēs	die Sachen
Gen.	r-eī	der Sache	r-ērum	der Sachen
Dat.	r-eī	der Sache	r-ēbus	den Sachen
Akk.	r-em	die Sache	r-ēs	die Sachen
Abl.	r-ē	durch die Sache	r-ēbus	durch die Sachen

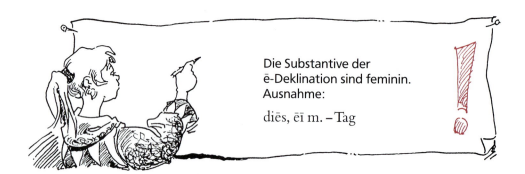

Die Substantive der ē-Deklination sind feminin. Ausnahme:

diēs, eī m. – Tag

§ 41   Stilmittel

Vor allem in literarischen, aber auch in anderen Texten gibt es oft sprachliche Besonderheiten, die darauf hindeuten, dass mit der gewählten Ausdrucksweise eine bestimmte zusätzliche Absicht verbunden ist. Diese sprachlichen Besonderheiten gehören zu den Stilmerkmalen eines Textes. Man nennt sie daher »Stilmittel« oder »rhetorische Figuren« (Rhetorik = Redekunst).

Anapher

Aliī pālōs trānscendunt, **aliī** fugiunt, **aliōs** mīlitēs capiunt.
Die einen übersteigen die Pfahlreihen, die anderen fliehen, wieder andere nehmen die Soldaten gefangen.

Die Wiederholung eines Wortes zu Beginn eines Satzes oder einer Wortgruppe heißt Anapher.

Ob mit einem Stilmittel eine Wirkung erzielt werden soll und welche Wirkung es sein könnte, muss immer sehr genau geprüft werden. Manchmal ist eine eindeutige Interpretation nicht möglich.

Überlege: Warum wird in unserem Beispiel gerade das Wort aliī wiederholt?

Lektion 10 §§ 42–44

§ 42 Präsens von īre: gehen

	Singular		Plural	
1. Pers.	eō	ich gehe	īmus	
2. Pers.	īs		ītis	
3. Pers.	it		eunt	
Imp.	ī	Geh(e)!	īte	Geht!

Genauso wie īre werden auch abīre, adīre, inīre, obīre und redīre konjugiert. Verben mit einer Vorsilbe (Präfix), z. B. einer Präposition, heißen **Komposita** (Singular: Kompositum = »zusammengesetztes« Verb).

§ 43 Neutrum der konsonantischen Deklination

Auch für die Neutra der konsonantischen Deklination gelten die Regeln, die du aus Lektion 2, § 6 und Lektion 4, § 17, 1 kennst:
1. Nominativ und Akkusativ haben dieselbe Endung.
2. Im Nominativ und Akkusativ Plural heißt die Endung -a.

	Singular	Plural	Singular	Plural
Nom.	temp**us**	tempor-**a**	nōm**en**	nōmin-**a**
Gen.	tempor-is	tempor-um	nōmin-is	nōmin-um
Dat.	tempor-ī	tempor-ibus	nōmin-ī	nōmin-ibus
Akk.	temp**us**	tempor-**a**	nōm**en**	nōmin-**a**
Abl.	tempor-e	tempor-ibus	nōmin-e	nōmin-ibus

Substantive der konsonantischen Deklination auf -us, -oris (z. B. corpus, corporis), -us, -eris (z. B. vulnus, vulneris) und -men, -minis sind Neutra.

§ 44 Stilmittel

1. Alliteration

Cūr **t**am **t**imidī estis?

Wenn zwei oder mehr aufeinander folgende Wörter mit demselben Vokal oder Konsonanten beginnen, spricht man von einer Alliteration.

2. Asyndeton

Subitō leō virum adit, vulnerat, occīdit.   Plötzlich greift der Löwe den Mann an, verwundet, tötet ihn.

Die drei Prädikate adit, vulnerat und occīdit stehen unverbunden nebeneinander. Eine Aufzählung, bei der die einzelnen Glieder nicht durch Konjunktionen (und, oder, aber usw.) verbunden sind, nennt man Asyndeton.
Mithilfe dieser Stilfigur kann man z. B. zum Ausdruck bringen, dass die einzelnen Handlungen sehr schnell aufeinander folgen.

Lektion 10 § 44

3. Klimax

Sunt latrōnēs, scelestī, parricīdae.   Es sind Räuber, Verbrecher, Mörder.

Wenn du auf den Sinn der drei Wörter achtest, kannst du feststellen, dass die Vergehen der genannten Personengruppen immer schlimmer werden. Eine solche in der Bedeutung der Wörter liegende Steigerung nennt man Klimax.
Hier unterstreicht sie die Aussage des Quintus, dass Aulus kein Mitleid mit den Gladiatoren zu haben braucht.

4. Chiasmus

Alypius claudit oculōs,   Alypius schließt die Augen, aber die
aurēs claudere nōn potest.   Ohren kann er nicht schließen.

Die zwei Wortgruppen claudit oculōs und aurēs claudere sind spiegelbildlich aufgebaut. Diese Stilfigur nennt man nach dem griechischen Buchstaben X – gesprochen: Chi – Chiasmus.

Stilmittel können auch miteinander kombiniert werden. Bei dem Beispiel

»Sunt latrōnēs, scelestī, parricīdae«

handelt es sich sowohl um eine Klimax als auch um ein Asyndeton.

Lektion 11 §§ 45–48

§ 45 Funktion des Perfekts

Magna lupa puerōs invēnit et nūtrīvit.	Eine große Wölfin fand die Jungen und säugte sie.
Posteā Faustulus pāstor geminōs servāvit, domum portāvit, ēducāvit.	Später rettete der Hirte Faustulus die Zwillinge, trug sie nach Hause und zog sie auf.

In unseren Beispielsätzen stehen die Prädikate invēnit, nūtrīvit, servāvit, portāvit, ēducāvit im Perfekt. Im Lateinischen ist das Perfekt das **Erzähltempus** (Tempus: Zeit); es wird in der Regel dann gebraucht, wenn einmalige Vorgänge in der Vergangenheit, die abgeschlossen sind, dargestellt werden.

Wir übersetzen das lateinische Perfekt meist mit dem Präteritum: »fand, säugte, rettete, trug, zog auf«; manchmal kann man es aber auch – besonders wenn es sich bei dem Text um ein Gespräch handelt – mit dem deutschen Perfekt wiedergeben:

Cūr tū agrōs meōs invāsistī?	Warum bist du in mein Land eingedrungen?

Perfekt = Erzähltempus

-ī, -istī, -it
-imus, -istis, -ērunt

Lektion 11 §46

§ 46 Formen des Perfekts (v-Perfekt, u-Perfekt, s-Perfekt)

	ā-Konjugation	ē-Konjugation	ī-Konjugation
1. Pers. Sg.	vocāv-**ī**	terru-**ī**	audīv-**ī**
2. Pers. Sg.	vocāv-**istī**	terru-**istī**	audīv-**istī**
3. Pers. Sg.	vocāv-**it**	terru-**it**	audīv-**it**
1. Pers. Pl.	vocāv-**imus**	terru-**imus**	audīv-**imus**
2. Pers. Pl.	vocāv-**istis**	terru-**istis**	audīv-**istis**
3. Pers. Pl.	vocāv-**ērunt**	terru-**ērunt**	audīv-**ērunt**
Infinitiv	vocāv-**isse**	terru-**isse**	audīv-**isse**

vocāvī ich habe gerufen
terruī ich habe erschreckt
audīvī ich habe gehört

Die Endungen werden an den Perfektstamm gehängt.
Der Perfektstamm der ā- und ī-Konjugation wird oft dadurch gebildet, dass an den Präsensstamm ein **v** gehängt wird: vocā**v**-; audī**v**-.
Bei der ē-Konjugation endet der Pefektstamm oft auf **u**: tim**u**-.

Verben, deren Perfektstamm anders gebildet wird, sind mit ihren Stammformen im Vokabelverzeichnis aufgeführt. Dazu gehören alle Verben der konsonantischen Konjugation.

Eine Gruppe von Verben bildet ihren Perfektstamm auf **s**:

invādere → invā**s**-, entstanden aus invāds- (d entfällt)
dūcere → dū**x**-, entstanden aus dūcs- (aus cs wird x)

Beachte: esse bildet den Perfektstamm **fu**-

1. Pers. Sg.	**fu**-ī	ich war/ich bin gewesen
2. Pers. Sg.	**fu**-istī	
3. Pers. Sg.	**fu**-it	
1. Pers. Pl.	**fu**-imus	
2. Pers. Pl.	**fu**-istis	
3. Pers. Pl.	**fu**-ērunt	

45

§ 47 Zeitverhältnisse im aci

(1) Gāius aquam frīgidam esse dīcit. — Gaius sagt, dass das Wasser kalt ist/sei.

(2) Rēa Silvia Mārtem deum patrem puerōrum esse dīxit. — Rea Siliva sagte, dass der Gott Mars der Vater der Jungen sei.

(3) Estne vērum vōs cum servīs meīs pūgnāvisse? — Ist es wahr, dass ihr mit meinen Sklaven gekämpft habt?

(4) Servī adulēscentem agrōs invāsisse dīxērunt. — Die Sklaven sagten, dass der junge Mann in das Land eingedrungen sei.

Das Tempus des Infinitivs gibt das Zeitverhältnis zum Prädikat an.
In den Sätzen 1 und 2 ist die Aussage des aci **gleichzeitig** zur Aussage des Prädikats:

(1) Während Gaius spricht, ist das Wasser kalt.

(2) Während Rea Silvia sprach, war Mars der Vater der Kinder.

In den Sätzen 3 und 4 ist die Aussage des aci **vorzeitig** zum Prädikat:

(3) Der Kampf fand vor der Frage statt.

(4) Der junge Mann ist in das Land eingedrungen, bevor die Sklaven darüber berichten konnten.

Der Infinitiv Präsens bezeichnet die Gleichzeitigkeit, der Infinitiv Perfekt die Vorzeitigkeit.

§ 48 aci als Subjekt

Estne vērum vōs cum servīs meīs pūgnāvisse? — Ist es wahr, dass ihr mit meinen Sklaven gekämpft habt?

Der aci antwortet hier auf die Frage »Wer/Was ist wahr?« – Antwort: »dass ihr gekämpft habt«. Der aci füllt somit die Satzstelle Subjekt.

Lektion 12 §§ 49–55

§ 49 Bedeutung des Imperfekts

(1) Ōlim latrōnēs timēbam. Früher fürchtete ich mich (immer) vor Räubern.
Discipulus bonus erās. Du warst (immer/gewöhnlich) ein guter Schüler.

Im Imperfekt werden Zustände und andauernde Handlungen der Vergangenheit dargestellt. Bei der Übersetzung ins Deutsche kannst du diese Bedeutung der Dauer, den **durativen Aspekt** des Imperfekts, verdeutlichen, indem du z. B. ein Adverb wie »immer« oder »gewöhnlich« oder das Verb »pflegen« hinzusetzt.

(2) Cēterae deae iterum atque iterum clāmābant: »Egō pulcherrima sum!« Die anderen Göttinnen riefen immer wieder: »Ich bin die Schönste!«

Hier bezeichnet das Imperfekt die Wiederholung von Handlungen in der Vergangenheit (**iterativer Aspekt**).

(3) Iuppiter contrōversiam disceptābat. Iuppiter versuchte den Streit zu schlichten.

Das Imperfekt kann auch zum Ausdruck bringen, dass eine Handlung nur versucht wurde. Dieses Imperfekt heißt **imperfectum dē cōnātū**.

Bedeutung des Imperfekts: Dauer, Wiederholung, Versuch

§ 50 Unterschied Perfekt–Imperfekt

Deī cēnābant, vīnum bibēbant, cum Discordia intrāvit.   Die Götter aßen und tranken Wein, als (plötzlich) Discordia eintrat.

Im Imperfekt werden Dinge dargestellt, die den Hintergrund der Erzählung beschreiben, im Perfekt hingegen die einzelnen Geschehnisse, die sich vor diesem Hintergrund ereignen.

§ 51 Formen des Imperfekts

	ā-Konjugation	ē-Konjugation	ī-Konjugation
1. Pers. Sg.	vocā-**ba-m**	terrē-**ba-m**	audi-**ē-ba-m**
2. Pers. Sg.	vocā-**bā-s**	terrē-**bā-s**	audi-**ē-bā-s**
3. Pers. Sg.	vocā-**ba-t**	terrē-**ba-t**	audi-**ē-ba-t**
1. Pers. Pl.	vocā-**bā-mus**	terrē-**bā-mus**	audi-**ē-bā-mus**
2. Pers. Pl.	vocā-**bā-tis**	terrē-**bā-tis**	audi-**ē-bā-tis**
3. Pers. Pl.	vocā-**ba-nt**	terrē-**bant**	audi-**ē-ba-nt**

vocābam ich rief
terrēbam ich erschreckte
audiēbam ich hörte

Lektion 12 § 51

	kons. Konjugation	kons. Konj. mit i-Erweiterung
1. Pers. Sg.	mitt-ē-ba-m ich schickte	cap-i-ē-ba-m ich fing
2. Pers. Sg.	mitt-ē-bā-s	cap-i-ē-bā-s
3. Pers. Sg.	mitt-ē-ba-t	cap-i-ē-ba-t
1. Pers. Pl.	mitt-ē-bā-mus	cap-i-ē-bā-mus
2. Pers. Pl.	mitt-ē-bā-tis	cap-i-ē-bā-tis
3. Pers. Pl.	mitt-ē-ba-nt	cap-i-ē-ba-nt

Das eingeschobene **-ba**[1]- ist das Kennzeichen für das Imperfekt.

Woher kennst du bereits die Personalendung **-m** als Kennzeichen der 1. Person Singular?

-bam, -bās, -bat, -bāmus, -bātis, -bant

Unregelmäßige Verben

	esse	posse	īre
1. Pers. Sg.	eram ich war	poteram ich konnte	ībam ich ging
2. Pers. Sg.	erās	poterās	ībās
3. Pers. Sg.	erat	poterat	ībat
1. Pers. Pl.	erāmus	poterāmus	ībāmus
2. Pers. Pl.	erātis	poterātis	ībātis
3. Pers. Pl.	erant	poterant	ībant
	ebenso: adesse, prōdesse		ebenso: abīre, circumīre, inīre, obīre, redīre

---

1 Diesen Einschub nennt man **Tempusmorphem**.

§ 52   Lektion 12

§ 52   Prädikativum

(1)   Iuppiter dēnique ēnervātus   Iuppiter sagte schließlich entnervt:
        »Paris«, inquit, »arbiter estō!«   »Paris soll Schiedsrichter sein!«

(2)   Rēx semper hostēs timēre   Als König musst du dich immer vor
        dēbēs.   Feinden fürchten.

Ēnervātus und rēx nehmen eine Zwitterstellung ein:

1. Sie haben ein Beziehungswort, an das sie sich angleichen (Iuppiter bzw. [tū]
   dēbēs).
2. Sie bestimmen das Prädikat näher:
   In welchem Zustand sagte Iuppiter…? – Entnervt: ēnervātus.
   In welcher Funktion/In welchem Amt musst du die Feinde fürchten? – Als
   König: rēx.

Dieses Satzglied heißt Prädikativum (Pv).

Die Besonderheit des Prädikativums ist, dass es, anders als z. B. das Attribut, keine
dauernden Eigenschaften bezeichnet, sondern einen Zustand angibt, der nur für
den vorgegebenen Satz gelten soll:

(1)   Iuppiter ist nicht immer entnervt, sondern in dem Augenblick, in dem er
        Paris zum Schiedsrichter bestimmt.

(2)   Der Angeredete muss sich nicht immer vor Feinden fürchten, sondern
        dann, wenn er König ist/in seiner Eigenschaft als König.

Die Satzstelle Prädikativum kann durch ein Adjektiv oder Substantiv gefüllt sein.
Bei der Übersetzung eines prädikativen Substantivs wird im Deutschen »als« hin-
zugefügt.

Satzbaupläne

(1)   Iuppiter dēnique ēnervātus »…«, inquit, »…«
            S   aB   Pv   P

(2)   Rēx semper hostēs timēre dēbēs.
         Pv   aB   AObj   S, P

50

Lektion 12 §§ 53–55

§ 53 Bildeweisen des Perfeks: Dehnungsperfekt, Reduplikationsperfekt

effugit	er/sie flieht	effūgit	er/sie ist geflohen
venit	er/sie kommt	vēnit	er/sie ist gekommen

Bei manchen Verben unterscheiden sich der Präsens- und der Perfektstamm nur durch die Länge des Stammvokals: Dieser ist im Perfekt »gedehnt«. Man spricht daher von Dehnungsperfekt.

dat	er/sie gibt	dedit	er/sie hat gegeben

Das Verb dare bildet den Perfektstamm durch Verdoppelung (Reduplikation) des Präsensstamms. Man spricht daher von Reduplikationsperfekt.

§ 54 Perfekt von īre

Der Perfektstamm von īre lautet i-; vor s werden das i des Stammes und das i der Endung gewöhnlich zusammengezogen:

1. Pers. Sg.	i-ī
2. Pers. Sg.	īstī
3. Pers. Sg.	i-it
1. Pers. Pl.	i-imus
2. Pers. Pl.	īstis
3. Pers. Pl.	i-ērunt

Infinitiv	īsse

Ebenso:	abīre, adīre, inīre, redīre

§ 55 Datīvus commodī

In pōmō erat īnscrīptum: PULCHERRIMAE.	Auf dem Apfel war eingraviert: Für die Schönste.

Der Dativ PULCHERRIMAE steht hier auf die Frage »Für wen?«. Wir nennen ihn datīvus commodī (commodum: Vorteil). Er bezeichnet die Person oder Sache, zu deren Vorteil etwas geschieht. Man übersetzt ihn meistens mithilfe der Präposition »für«.[1]

---

1 Der Dativ, der die Person oder Sache bezeichnet, zu deren Nachteil etwas geschieht, heißt datīvus incommodī (incommodum: Nachteil).

Lektion 13 §§ 56–62

§ 56 is, ea, id   er, sie, es; dieser, diese, dies(es)

Menelāus rēx Lacedaemoni-	Menelaus ist König der Spartaner.
ōrum est. (Paris cum rēge	(Paris hat mit dem König gegessen.)
cēnāvit.) Paris cum eō cēnāvit.	Paris hat mit ihm/diesem gegessen.

Um die stilistisch unschöne Wiederholung eines Wortes, hier im Beispiel »rēx/König«, zu vermeiden, kann im Lateinischen ebenso wie im Deutschen statt des Substantivs ein persönliches Fürwort = **Personalpronomen** oder hinweisendes Fürwort = **Demonstrativpronomen** stehen. Die Form dieses Pronomens richtet sich in Kasus, Numerus und Genus nach dem Substantiv, das es vertritt. Eō in unserem Beispiel ist wie rēge Ablativ Singular m.

Formen	Singular			Plural		
	m.	f.	n.	m.	f.	n.
Nom.	is	ea	id	iī	eae	ea
Gen.	eius	eius	eius	eōrum	eārum	eōrum
Dat.	ei	ei	ei	iīs (eīs)	iīs (eīs)	iīs (eīs)
Akk.	eum	eam	id	eōs	eās	ea
Abl.	eō	eā	eō	iīs (eīs)	iīs (eīs)	iīs (eīs)

§ 57 Die Verwendung von is, ea, id im Genitiv

| Tū cum uxōre eius cēnāvistī. | Du hast mit dessen (= des Menelaus) Frau/mit seiner Frau gegessen. |
| Saepe verba eōrum vāna sunt. | Deren (= der Männer) Worte/Ihre Worte sind oft leer. |

Der Genitiv von is, ea, id wird häufig mit dem deutschen **Possessivpronomen** wiedergegeben.

Lektion 13 §§ 58–59

§ 58 Reflexive und nichtreflexive Besitzverhältnisse

(1a) Puellae nucibus suīs lūdunt. Die Mädchen spielen mit ihren Nüssen.

(1b) Lūdī eārum Pūbliō nōn placent. Deren = Ihre Spiele gefallen Publius nicht.

(2) Mārcus Pompōnium vīsitat. Marcus besucht Pomponius.
Tum ad amīcōs suōs scrībit. Dann schreibt er an seine Freunde.

(3) Etiam ad amīcōs eius scrībit. Er schreibt auch an dessen/seine Freunde.

In Beispiel 1a spielen die Mädchen mit ihren, d.h. ihren eigenen Nüssen und in Beispiel 2 schreibt Marcus an seine, d.h. seine eigenen Freunde. In Beispiel 3 hingegen schreibt Marcus nicht an seine eigenen, sondern an die Freunde des Pomponius.

Das rückbezügliche = **reflexive Possessivpronomen** suus, a, um verweist auf das Subjekt des Satzes.

Der Genitiv von is ea, id verweist nicht auf das Subjekt desselben Satzes (**nichtreflexives Besitzverhältnis**): In Beispiel 1b bezieht sich eārum auf puellae, in Beispiel 3 eius auf Pompōnium.

§ 59 Ortsangaben bei Städtenamen

Mē Spartā Trōiam abdūcere cupis. Du willst mich von Sparta nach Troja entführen.

Spartae vīta saepe dūra est. In Sparta ist das Leben oft hart.

Städtenamen werden ohne Präposition verwendet:

Auf die Frage »Wohin?« steht der bloße Akkusativ,
auf die Frage »Woher?« steht der bloße Ablativ (ablātīvus sēparātīvus),
auf die Frage »Wo?« steht der ablātīvus locī[1] oder der **Lokativ.**

Den Lokativ gibt es nur bei Städtenamen im Singular, die zur ā- und o-Deklination gehören:

Rōm**ae**: in Rom; Corinth**ī**: in Korinth.

Der Lokativ hat dieselbe Form wie der Genitiv Singular.

---

1 Z.B. Carthāgine (Abl. Sg. von Carthāgō, inis f.): in Karthago.

53

§§ 60–62   Lektion 13

§ 60   Akkusativ des Ausrufs

Ō mē miseram!   O ich Arme!

Ō tē miserum!   O du Elender!

Im Lateinischen steht in Ausrufen, anders als im Deutschen, häufig der Akkusativ.

§ 61   Neutrum Plural des Adjektivs und des Pronomens

Tibi cūncta explicāvit.   Er hat dir alle Dinge/alles erklärt.

Der Form nach ist cūncta Akkusativ Plural n. Diese Form lässt sich nicht »wört-
lich« ins Deutsche übersetzen. Entweder du setzt »Dinge« hinzu, um das Neu-
trum kenntlich zu machen, oder du wählst den Akkusativ **Singular** n.

Weitere Beispiele:

ea   diese Dinge/dies
multa   viele Dinge/vieles

§ 62   Rhetorische Frage

Quis enim eīs, quī amant,   Denn wer zürnt (schon) denen, die
suscēnset?   lieben?

Auf diese Frage wird keine Antwort erwartet, da für den, der fragt, die Erwide-
rung klar ist: Niemand natürlich.
Solche Fragen, die nur der Form, nicht dem Inhalt nach Fragen sind, heißen rheto-
rische Fragen.

Lektion 14 §§ 63–65

§ 63 Bildeweisen des Perfekts: Stammperfekt

Bei einigen Verben zeigt der Perfektstamm gegenüber dem Präsensstamm keine
Veränderung; wir sprechen in diesen Fällen von Stammperfekt:

> metuere, metu-ō, metu-ī
> dēscendere, dēscend-ō, dēscend-ī

§ 64 Funktion des Plusquamperfekts

> Trōiānī equum in urbem   Die Trojaner zogen das Pferd in die
> trāxērunt, quamquam Cassandra   Stadt, obwohl Cassandra gefordert
> postulāverat …   hatte …

Cassandras Forderung geht der Handlung der Trojaner voraus: Das lateinische
Plusquamperfekt drückt also - ebenso wie das deutsche Plusquamperfekt – die
Vorzeitigkeit zu einer vergangenen Handlung aus.

§ 65 Formen des Plusquamperfekt Aktiv

Die Formen des Plusquamperfekt Aktiv setzen sich zusammen aus dem Perfekt-
stamm und der Endung **-eram**, **-erās**, **-erat** …

1. Pers. Sg.	terru-**eram** ich hatte erschreckt	fu-**eram** ich war gewesen
2. Pers. Sg.	terru-**erās**	fu-**erās**
3. Pers. Sg.	terru-**erat**	fu-**erat**
1. Pers. Pl.	terru-**erāmus**	fu-**erāmus**
2. Pers. Pl.	terru-**erātis**	fu-**erātis**
3. Pers. Pl.	terru-**erant**	fu-**erant**

Lektion 15 §§ 66–70

§ 66 Haupt- und Gliedsatz

(1) Aenēās Dīdōnem amat. Aeneas liebt Dido.
Tamen in Italiam abit. Trotzdem fährt er nach Italien.

(2) Aenēās, quamquam Dīdōnem Aeneas fährt, obwohl er Dido liebt,
amat, (tamen) in Italiam abit. (dennoch) nach Italien.

In beiden Beispielen wird derselbe Sachverhalt ausgedrückt. Während in Beispiel 1 zwei selbstständige Sätze = Hauptsätze aufeinander folgen, ist in Beispiel 2 der quamquam-Satz in den Hauptsatz eingefügt, genauer gesagt, dem Hauptsatz untergeordnet.
»Aenēās in Italiam abit« ist, für sich genommen, eine grammatisch vollständige Aussage, also ein Hauptsatz. Der quamquam-Satz hingegen kann nicht allein stehen, sondern macht nur als Glied des ganzen Satzes einen Sinn. Quamquam leitet somit einen Gliedsatz ein.

Den Gliedsatz kannst du an der einleitenden Konjunktion erkennen, im Deutschen außerdem an der Wortstellung: In deutschen Gliedsätzen steht das Prädikat am Satzende.

Die Aufeinanderfolge von Hauptsätzen nennt man **Satzreihe,** die Kombination von Haupt- und Gliedsatz **Satzgefüge**.

§ 67 Adverbiale Gliedsätze

(1) Aenēās, ubī prīmum urbem Sobald Aeneas gesehen hatte, dass die
ārdēre vīdit, paucīs cum sociīs Stadt brannte, floh er mit wenigen
Trōiā effūgit. Gefährten aus Troja.

(2) Sī Carthāgō vōbīs placet, vōbīs Wenn/Falls Karthago euch gefällt,
in Āfricā manēre licet. dürft ihr in Afrika bleiben.

(3) Aenēās maestus erat, quod ei Aeneas war traurig, weil es ihm nicht
Carthāgine manēre nōn licēbat. erlaubt war, in Karthago zu bleiben.

Im Satz 1 gibt der durch ubī prīmum eingeleitete Satz einen Zeitpunkt an (Wann floh Aeneas?), in Satz 2 stellt der durch sī eingeleitete Satz eine Bedingung (Unter

56

Lektion 15

§§ 67–68

welcher Bedingung dürft ihr bleiben?) und in Satz 3 leitet quod eine Begründung ein (Warum war Aeneas unglücklich?). Diese Sätze füllen also, bezogen auf den Hauptsatz, die Satzstelle adverbiale Bestimmung. Daher nennt man sie adverbiale Gliedsätze.

Wie die dir schon bekannten adverbialen Bestimmungen haben auch die adverbialen Gliedsätze unterschiedliche Bedeutungen (semantische Funktionen), die durch die einleitenden Konjunktionen angezeigt werden:

Konjunktion	Syntaktische Funktion (= Satzstelle)	Semantische Funktion	Name des Gliedsatzes
ubī prīmum + Perf.: sobald		Zeit	Temporalsatz
cum: als (plötzlich)		Zeit	Temporalsatz
cum: als		Zeit	Temporalsatz
cum: (immer) wenn		Zeit	Temporalsatz
postquam + Perf.: nachdem	adverbiale Bestimmung	Zeit	Temporalsatz
quod: weil		Grund	Kausalsatz
sī: wenn/falls		Bedingung	Konditionalsatz
quamquam: obwohl		Einräumung, Gegengrund	Konzessivsatz
ut: wie		Vergleich	Komparativsatz

Beachte:

Nach ubī prīmum und postquam steht, auch wenn Vorzeitigkeit zu einem Tempus der Vergangenheit ausgedrückt werden soll, immer das Perfekt.

§ 68   Die unterschiedlichen Bedeutungen von cum

cum: als plötzlich	**cum inversum**	Das wichtigere Ereignis steht im Gliedsatz, die Gewichtung von Haupt- und Gliedsatz ist also »umgedreht« (invertiert).
cum: als	**cum temporāle**	Dieses cum bestimmt den genauen Zeitpunkt: damals, als.
cum: (immer) wenn	**cum iterātīvum**	Durch dieses cum werden wiederholte Vorgänge angezeigt (iterāre: wiederholen).

57

§§ 69–70   **Lektion 15**

§ 69   Attributivsatz (ubī: wo)

(1)   Ubī es?   Wo bist du?

(2)   Trōiānī nāvēs ad Āfricam   Die Trojaner lenkten ihre Schiffe nach
             appulērunt, ubī Dīdō rēgīna   Afrika, wo die Königin Dido herrschte.
             rēgnābat.

Ubī, »wo«, ist, wie du Satz 1 entnehmen kannst, keine Konjunktion, sondern ein
Frageadverb.
In Satz 2 leitet ubī einen Gliedsatz ein; dieser bezieht sich zurück auf ad Āfricam
und erläutert diesen Begriff.[1] Er füllt also die Satzstelle Attribut.

§ 70   Griechische Deklination

Griechische Eigennamen wie Aenēās und Anchīsēs werden wie Substantive der
ā-Deklination dekliniert:

Nom.	Aenēās	Anchīsēs
Gen.	Aenē-ae	Anchīs-ae
Dat.	Aenē-ae	Anchīs-ae
Akk.	Aenē-am	Anchīs-am
Abl.	(cum) Aenē-ā	(cum) Anchīs-ā

Beachte:

Der Vokativ endet auf -ā; also: Aenēā, Anchīsā.

---

1 Vgl. Lektion 18, § 85.

Lektion 16 §§ 71–78

§ 71 Aktiv – Passiv (genera verbī)

    Marītī nōs amant.   Unsere Männer lieben uns.
    Ā marītīs amāmur.   Wir werden von unseren Männern geliebt.

Man kann ein und dasselbe Ereignis aktivisch (agere: tun) oder passivisch (patī: dulden) ausdrücken. Der Sachverhalt bleibt der gleiche.[1]

    Rōmānī virginēs rapuērunt.   Die Römer raubten die Mädchen.
     S   AObj   P

    Virginēs ā Rōmānīs raptae sunt. Die Mädchen wurden von den Römern
     S   aB   P   geraubt.

Im Aktiv ist das grammatische Subjekt zugleich das logische Subjekt (der »Täter«). Im Passiv bezeichnet ā/ab mit Ablativ die handelnde Person (= das logische Subjekt); das grammatische Subjekt ist »logisches Objekt«.

---

1 Nur bei transitiven Verben, d. h. Verben, die ein Akkusativobjekt haben können, ist ein persönliches Passiv möglich. Intransitive Verben, d. h. Verben, die kein Akkusativobjekt haben können, bilden nur ein unpersönliches Passiv. Beispiel: Pūgnātur: Man kämpft.

§ 72   Formen des Passivs

Präsens

	ā-Konjugation	ē-Konjugation	ī-Konjugation
1. Pers. Sg.	voc-o**r**	terre-o**r**	audi-o**r**
2. Pers. Sg.	vocā-**ris**	terrē-**ris**	audī-**ris**
3. Pers. Sg.	vocā-**tur**	terrē-**tur**	audī-**tur**
1. Pers. Pl.	vocā-**mur**	terrē-**mur**	audī-**mur**
2. Pers. Pl.	vocā-**minī**	terrē-**minī**	audī-**minī**
3. Pers. Pl.	voca-**ntur**	terre-**ntur**	audi-u-**ntur**
Infinitiv	vocā-**rī**	terrē-**rī**	audī-**rī**
	gerufen werden	erschreckt werden	gehört werden

vocor	ich werde gerufen
terreor	ich werde erschreckt
audior	ich werde gehört

	konsonantische Konjugation	kons. Konjugation mit i-Erweiterung	Endungen
1. Pers. Sg.	mitt-o**r**	cap-i-o**r**	-(o)**r**
2. Pers. Sg.	mitt-e-**ris**	cap-e-**ris**	-**ris**
3. Pers. Sg.	mitt-i-**tur**	cap-i-**tur**	-**tur**
1. Pers. Pl.	mitt-i-**mur**	cap-i-**mur**	-**mur**
2. Pers. Pl.	mitt-i-**minī**	cap-i-**minī**	-**minī**
3. Pers. Pl.	mitt-u-**ntur**	cap-i-u-**ntur**	-**ntur**
Infinitiv	mitt-**ī**	cap-**ī**	-**rī**/-**ī**
	geschickt werden	gefangen werden	

mittor	ich werde geschickt
capior	ich werde gefangen

Imperfekt

	ā-Konjugation	ē-Konjugation	ī-Konjugation
1. Pers. Sg.	vocā-ba-**r**	terrē-ba-**r**	audi-ēba-**r**
2. Pers. Sg.	vocā-bā-**ris**	terrē-bā-**ris**	audi-ēbā-**ris**
	usw.	usw.	usw.

vocābar	ich wurde gerufen
terrēbar	ich wurde erschreckt
audiēbar	ich wurde gehört

60

Lektion 16 §72

	konsonantische Konjugation	**konsonantische Konjugation mit i-Erweiterung**
1. Pers. Pl.	mitt-ēba-**r**	cap-i-ēba-**r**
2. Pers. Pl.	mitt-ēbā-**ris**	cap-i-ēbā-**ris**
	usw.	usw.

mittēbar	ich wurde geschickt
capiēbar	ich wurde gefangen

Perfekt

1. Pers. Sg.	vocātus, a, um sum	territus, a, um sum	missus, a, um sum
2. Pers. Sg.	vocātus, a, um es	territus, a, um es	missus, a, um es
3. Pers. Sg.	vocātus, a, um est	territus, a um est	missus, a, um est
1. Pers. Pl.	vocātī, ae, a sumus	territī, ae, a sumus	missī, ae, a sumus
2. Pers. Pl.	vocātī, ae, a estis	territī, ae, a estis	missī, ae, a estis
3. Pers. Pl.	vocātī, ae, a sunt	territī, ae, a sunt	missī, ae a sunt
Infinitiv	vocātum, am, um[1] esse gerufen worden sein	territum, am, um[1] esse erschreckt worden sein	missum, am, um[1] esse geschickt worden sein

vocātus, a, um sum	ich bin gerufen worden, ich wurde gerufen
territus, a, um sum	ich bin erschreckt worden, ich wurde erschreckt
missus, a, um sum	ich bin geschickt worden, ich wurde geschickt

Das Perfekt Passiv besteht aus einer Zweiwortform, nämlich aus dem **Partizip Perfekt Passiv,** abgekürzt **PPP** (z.B. laudātus, laudāta, laudātum; missus, missa, missum), und den Präsensformen des Hilfsverbs esse. Die regelmäßige Bildung des Partizip Perfekt Passiv lautet:

ā-Konjugation:	vocāre	vocātus, a, um	gerufen
	amāre	amātus, a, um	geliebt
ē-Konjugation:	terrēre	territus, a, um	erschreckt
ī-Konjugation:	audīre	audītus, a, um	gehört
	mūnīre	mūnītus, a, um	befestigt

---

1 Akkusativ, weil der Infinitiv Perfekt Passiv meist im aci vorkommt.

61

§§ 72–73   Lektion 16

Bei den Verben der konsonantischen Konjugation gibt es keine regelmäßige Partizipbildung. Die Partizipien dieser Verben werden bei den Stammformen im Vokabelverzeichnis aufgeführt.

Die Endungen des Partizip Perfekt Passiv sind die der ā- und o-Deklination. Sie stehen in KNG-Kongruenz zum jeweiligen Subjekt. Für die Übersetzung des Perfekt Passiv gelten die gleichen Regeln wie beim Perfekt Aktiv (vgl. Lektion 11, § 45).

Plusquamperfekt

1. Pers. Sg.	vocātus, a, um eram	territus, a, um eram	missus, a, um eram
2. Pers. Sg.	vocātus, a, um erās	territus, a, um erās	missus, a, um erās
3. Pers. Sg.	vocātus, a, um erat	territus, a um erat	missus, a, um erat
1. Pers. Pl.	vocātī, ae, a erāmus	territī, ae, a erāmus	missī, ae, a erāmus
2. Pers. Pl.	vocātī, ae, a erātis	territī, ae, a erātis	missī, ae, a erātis
3. Pers. Pl.	vocātī, ae, a erant	territī, ae, a erant	missī, ae, a erant

vocātus, a, um eram	ich war gerufen worden
territus, a, um eram	ich war erschreckt worden
missus, a, um eram	ich war geschickt worden

Im Plusquamperfekt Passiv bestehen die Zweiwortformen aus dem Partizip Perfekt Passiv und dem Imperfekt von esse.

§ 73   Übersetzung des Passivs

Ā parentibus Sabīnārum arma capiēbantur.	Die Eltern der Sabinerinnen griffen zu den Waffen.
Dirimuntur aciēs, dirimuntur īrae.	Die Heere trennen sich, der Zorn schwindet.
Nōnne movēris lacrimīs?	Lässt du dich nicht von den Tränen beeindrucken?
Valdē egō terrēbar.	Ich erschrak heftig.
Bellum fīnīrī dēbet.	Der Krieg muss ein Ende haben.
Aciēs īnstruuntur.	Man stellt Schlachtreihen auf.

Im Lateinischen tritt das Passiv häufiger auf als im Deutschen. Das Deutsche bevorzugt oft die aktivische Übersetzung.

62

Lektion 16 §§ 74–76

§ 74   Die Infinitive des Passivs im aci

Sabīnī filiās suās rapī vīdērunt.   Die Sabiner sahen, dass ihre Töchter geraubt wurden.

Nōs raptās esse vērum est.   Dass wir geraubt worden sind, ist wahr.

Auch für das Passiv gilt, dass im aci der Infinitiv Präsens gleichzeitig, der Infinitiv Perfekt vorzeitig ist.

§ 75   Praesēns historicum

Iterum atque iterum Sabīnī ad bellum incitābantur. Dēnique inter Palātium et Capitōlium aciēs īnstruuntur.   Wieder und wieder wurden die Sabiner zum Krieg gedrängt. Schließlich stehen sich zwischen Palatin und Kapitol die Schlachtreihen gegenüber.

Et movētur turba verbīs mulierum. Pūgna fīnītur.   Und tatsächlich lässt sich der wilde Haufen von den Worten der Frauen beeindrucken. Der Kampf findet ein Ende.

Statt eines historischen Perfekts steht hier das praesēns historicum, um die Handlung dem Leser lebendig vor Augen zu führen.

§ 76   dum: während

Dum Rōmānī cum Sabīnīs pūgnant, ūna ē Sabīnīs inquit…   Während die Römer mit den Sabinern kämpfen, sagt eine der Sabinerinnen… Während die Römer mit den Sabinern kämpften, sagte eine der Sabinerinnen…

Die Konjunktion dum, »während«, in Verbindung mit dem Präsens drückt aus, dass die Nebensatzhandlung parallel zur Handlung des Hauptsatzes verläuft und sie zeitlich umrahmt. Das Präsens steht auch dann, wenn die Ereignisse der Hauptsatzhandlung in der Vergangenheit liegen.

63

§§ 77–78 · Lektion 16

§ 77   Ablātīvus causae

Valdē egō terreor vānō eō bellō.	Ich bin sehr erschrocken über diesen unsinnigen Krieg (infolge/aufgrund/ wegen dieses … Krieges).

Der ablātīvus causae beantwortet die Frage »Weshalb?« Er nennt die äußere Ursache oder den inneren Beweggrund; so finden wir ihn oft bei Verben, die eine Gemütsbewegung bedeuten (dolēre, terrērī…).

§ 78   Parallelismus

Sī cōnūbiī piget, parentēs, …	Wenn euch die Ehe nicht gefällt, Eltern …
Sī movēbāris, pater, quod …	Wenn du dich erregst, Vater, weil …
nōnne nunc movēris lacrimīs nepōtis,	rühren dich jetzt nicht die Tränen deines Enkels,
nōnne movēris lacrimīs mātris?	rühren dich jetzt nicht die Tränen seiner Mutter?

Bei der Redefigur Parallelismus sind entsprechende Satzabschnitte in der gleichen Reihenfolge angeordnet. Der Sprecher erreicht dadurch eine nachdrückliche, ja fast dramatische Wirkung.

64

Lektion 17

§§ 79–84

§ 79 Das Partizip Perfekt Passiv (PPP) als Attribut

sīgnum cōnstitūtum	das verabredete Zeichen (Was für ein Zeichen?)
asȳlum et līberīs et servīs apertum	ein Asyl, das sowohl für Freie als auch für Sklaven geöffnet war/ist (Was für ein Asyl?)

Die Partizipien cōnstitūtum und apertum bestimmen die Substantive sīgnum bzw. asȳlum näher, sind also attributiv verwendet und stehen in KNG-Kongruenz zu ihrem Beziehungswort.

Übersetzungsmöglichkeiten: 1. Wörtlich: »verabredet«

2. Relativsatz: »das … geöffnet war/ist«

Besonders wenn das Partizip erweitert ist (»sowohl für Freie als auch für Sklaven«), ist die Übersetzung mit einem Relativsatz zu empfehlen. Die zusätzlichen Angaben zu einem Partizip stehen in den meisten Fällen zwischen Beziehungswort und Partizip **(Klammerstellung):**

asȳlum et līberīs et servīs **apertum**

§ 80 Das Partizip Perfekt Passiv (PPP) als participium coniūnctum (pc)

Sabīnī ā Rōmānīs invītātī in urbem vēnērunt.	Nachdem/Weil die Sabiner von den Römern eingeladen worden waren, kamen sie in die Stadt.

Das Partizip invītātī nimmt eine Zwitterstellung ein:

1. Es hat ein Beziehungswort, an das es sich in Kasus, Numerus und Genus angleicht (KNG-Kongruenz): Sabīnī.
2. Es bestimmt das Prädikat näher (Wann/Weshalb kamen die Sabiner nach Rom?).

Das Partizip füllt daher die Satzstelle **Prädikativum** (vgl. Lektion 12, § 52). Wir nennen es participium coniūnctum (= verbundenes Partizip). Auch hier gilt, dass

65

§§ 80–82   Lektion 17

die zusätzlichen Angaben zu einem Partizip in den meisten Fällen zwischen Beziehungswort und Partizip stehen (**Klammerstellung**).

§ 81 Übersetzungsmöglichkeiten des Partizip Perfekt Passiv als participium coniūnctum

1. Wörtlich, also mit deutschem Partizip (oft holprig):
   Die Sabiner kamen, von den Römern eingeladen, in die Stadt.
2. Konjunktionaler Gliedsatz (ist als erste Übersetzung zu empfehlen):
   Nachdem die Sabiner von den Römern eingeladen worden waren, kamen sie in die Stadt.
3. Hauptsatz (ist zu empfehlen, wenn sich das Partizip auf das Subjekt des Satzes bezieht):
   Die Sabiner wurden von den Römern eingeladen und kamen (deshalb) in die Stadt.
4. Präpositionaler Ausdruck (gelingt nicht immer):
   Auf Einladung (»Aufgrund der Einladung«) der Römer kamen die Sabiner in die Stadt.

§ 82 Semantische Funktionen (Sinnrichtungen) des Partizip Perfekt Passiv als participium coniūnctum

Bei der Übersetzung des Partizips musst du genau überlegen, in welchem gedanklichen Verhältnis das Partizip zum übergeordneten Prädikat steht, welche semantische Funktion (Sinnrichtung) es hat.
Im oben genannten Beispiel empfiehlt sich die Übersetzung mit »als/nachdem«, also mit einer temporalen Konjunktion. Auch eine Übersetzung mit »weil«, also mit einer kausalen Konjunktion, ist möglich.

Durch die richtige Wahl der Präposition wird bei der Übersetzungsmöglichkeit (4) die semantische Funktion (Sinnrichtung) berücksichtigt:

> Auf Einladung (»Aufgrund der Einladung«) der Römer…

Auch bei der Übersetzung mit Hauptsatz (3) kann die semantische Funktion (Sinnrichtung) zum Ausdruck gebracht werden:

> Die Sabiner wurden von den Römern eingeladen und kamen deshalb in die Stadt.

66

Lektion 17 §§ 82–84

Ein weiteres Beispiel:

> In patriā ā nōbīs servātā Im Vaterland wurden wir nicht gut
> nōs nōn bene acceptī sumus. aufgenommen, obwohl es von uns
> gerettet worden war.

In diesem Fall trifft die konzessive Konjunktion »obwohl« die semantische Funktion (Sinnrichtung) des Partizips am besten.

	temporal	kausal	konzessiv
Gliedsatz	als/nachdem	weil/da	obwohl/obgleich
Hauptsatz	und dann	und deshalb	und trotzdem/dennoch
Präpositionaler Ausdruck	nach	wegen/aufgrund von	trotz

§ 83 Partizip Perfekt Passiv: Zeitverhältnis

Das Partizip Perfekt Passiv bezeichnet, ebenso wie der Infinitiv Perfekt (vgl. Lektion 11, § 47), die **Vorzeitigkeit**:

> In patriā ā nōbīs servātā nōs nōn bene acceptī sumus:

Die Rettung des Vaterlandes geht der schlechten Aufnahme voraus, servātā ist also vorzeitig zu acceptī sumus.

§ 84 Akkusativ der Ausdehnung

> Tōtum diem labōrābam. Ich habe den ganzen Tag über
> gearbeitet.

Der Akkusativ bezeichnet hier die (zeitliche) Ausdehnung.

67

Lektion 18   §§ 85–89

§ 85 Funktionen des Relativsatzes

(1) Virum ēligere dēbēmus, quōcum mīlitēs nostrī cūncta perīcula, quae imminent, superāre possunt.

Wir müssen einen Mann wählen, mit dem unsere Soldaten alle Gefahren, die drohen, überwinden können.

Der Relativsatz »quōcum mīlitēs nostrī cūncta perīcula superāre possunt« gibt eine nähere Information zu virum, der Relativsatz »quae imminent« zu perīcula. Diese Relativsätze füllen somit die Satzstelle Attribut.

(2a) Quī imperium petit perīculōsum, vēram virtūtem Rōmānam habet.

Wer/Derjenige, der sich um ein gefährliches Amt bewirbt, zeigt wahre römische Tüchtigkeit.

(2b) Quae dīxī, dīxī.

Was ich gesagt habe, habe ich gesagt.

Der Relativsatz kann auch die Satzstelle Subjekt (Beispiel 2a) oder Objekt (Beispiel 2b) füllen. In diesen Fällen hat das Relativpronomen kein Beziehungswort (vgl. aber Lektion 18, § 87).

§ 86 Formen des Relativpronomens

	m.	f.	n.	m.	f.	n.
Singular	quī	quae	quod	der	die	das
	cuius	cuius	cuius	dessen	deren	dessen
	cui	cui	cui	dem	der	dem
	quem	quam	quod	den	die	das
	quō	quā	quō	durch den	durch die	wodurch
Plural	quī	quae	quae[1]	die	die	die
	quōrum	quārum	quōrum	deren	deren	deren
	quibus	quibus	quibus	denen	denen	denen
	quōs	quās	quae	die	die	die
	quibus	quibus	quibus	durch die	durch die	durch die
In Verbindung mit cum: quōcum, quācum, quibuscum						

---
1 Zur Übersetzung des Neutrum Plural von Adjektiven und Pronomina vgl. Lektion 13, § 61.

Lektion 18 §§ 87–88

§ 87 Das Relativpronomen und sein Beziehungswort

Ex silentiō, quod verba eius sequitur, audiuntur vōcēs variae cīvium, quī rem disputant.

Aus der Stille, die seinen Worten folgt, hört man verschiedene Stimmen von Bürgern, die die Sache diskutieren.

Das Relativpronomen stimmt mit seinem Beziehungswort im Numerus und im Genus überein. Der Kasus des Relativpronomens hängt davon ab, welche Funktion es innerhalb des Relativsatzes hat. In unserem Beispiel sind quod und quī jeweils Subjekt des Relativsatzes und stehen deshalb im Nominativ.

§ 88 quīdam, quaedam, quoddam
ein gewisser, eine gewisse, ein gewisses

Aus dem Relativpronomen und dem Suffix (Nachsilbe) -dam ist das Indefinitpronomen (unbestimmtes Fürwort) quīdam, quaedam, quoddam[1]/quiddam[2] gebildet. Im Plural übersetzt man es mit »einige, manche«.

	Singular m.	f.	n.
Nom.	quīdam	quaedam	quoddam/quiddam
Gen.	cuiusdam	cuiusdam	cuiusdam
Dat.	cuidam	cuidam	cuidam
Akk.	quendam	quandam	quoddam/quiddam
Abl.	quōdam	quādam	quōdam

	Plural m.	f.	n.
Nom.	quīdam	quaedam	quaedam
Gen.	quōrundam	quārundam	quōrundam
Dat.	quibusdam	quibusdam	quibusdam
Akk.	quōsdam	quāsdam	quaedam
Abl.	quibusdam	quibusdam	quibusdam

---

1 Adjektivisch. 2 Substantivisch.

69

§ 89 Genitīvus partitīvus

Nēmō prīncipum perīculōsum id imperium petere audēbat.	Keiner der führenden Männer wagte es, sich um dieses gefährliche Kommando zu bewerben.
magna pars hominum	ein großer Teil der Leute
Quis Rōmānōrum?	Welcher (der) Römer?

Der genitīvus partitīvus (»Teilungsgenitiv«) steht bei Wörtern, die ein Maß oder eine Menge bezeichnen, außerdem bei Pronomina wie quis, nēmō, nihil. Dabei bezeichnet der Genitiv das Ganze, sein Beziehungswort einen Teil.

Lektion 19 §§ 90–95

§ 90 Futur 1 Aktiv und Passiv

Quam diū hanc vītam tolerābitis?	Wie lange werdet ihr dieses Leben ertragen?
Quam diū fame vexābiminī?	Wie lange werdet ihr von Hunger gequält werden?
Egō vōbīs cōnsulō et semper cōnsulam.	Ich sorge für euch und werde immer für euch sorgen.

Künftige Handlungen und Ereignisse werden durch das Futur 1 ausgedrückt.

Formen des Futur 1 Aktiv

Es gibt zwei unterschiedliche Arten, das Futur zu bilden: Zu der einen Gruppe gehören die Verben der ā- und ē-Konjugation:

	ā-Konjugation	**ē-Konjugation**
1. Pers. Sg.	vocā-**b**-ō	terrē-**b**-ō
2. Pers. Sg.	vocā-**bi**-s	terrē-**bi**-s
3. Pers. Sg.	vocā-**bi**-t	terrē-**bi**-t
1. Pers. Pl.	vocā-**bi**-mus	terrē-**bi**-mus
2. Pers. Pl.	vocā-**bi**-tis	terrē-**bi**-tis
3. Pers. Pl.	vocā-**bu**-nt	terrē-**bu**-nt

vocābō ich werde rufen
terrēbō ich werde (jemanden) erschrecken

Bei diesen Verben kannst du das Futur an dem Tempusmorphem **-b-** erkennen (-i- und -u- sind Bindevokale).

§ 90

Anders wird das Futur der Verben gebildet, die zur ī- und konsonantischen Konjugation (einschließlich konsonantische Konjugation mit i-Erweiterung) gehören:

	ī-Konjugation	konsonantische Konjugation
1. Pers. Sg.	audi-**a**-m ich werde hören	mitt-**a**-m ich werde schicken
2. Pers. Sg.	audi-**ē**-s	mitt-**ē**-s
3. Pers. Sg.	audi-**e**-t	mitt-**e**-t
1. Pers. Pl.	audi-**ē**-mus	mitt-**ē**-mus
2. Pers. Pl.	audi-**ē**-tis	mitt-**ē**-tis
3. Pers. Pl.	audi-**e**-nt	mitt-**e**-nt

	konsonantische Konjugation mit i-Erweiterung
1. Pers. Sg.	cap-i-**a**-m ich werde fangen
2. Pers. Sg.	cap-i-**ē**-s
3. Pers. Sg.	cap-i-**e**-t
1. Pers. Pl.	cap-i-**ē**-mus
2. Pers. Pl.	cap-i-**ē**-tis
3. Pers. Pl.	cap-i-**e**-nt

Hier kannst du das Futur an dem Tempusmorphem **-e-** (in der 1. Person Singular **-a-**) erkennen.

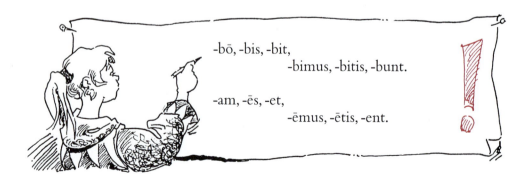

-bō, -bis, -bit,
 -bimus, -bitis, -bunt.

-am, -ēs, -et,
 -ēmus, -ētis, -ent.

Lektion 19 § 90

Sonderformen

	esse	**posse**	**īre**
1. Pers. Sg.	erō	poterō	ībō
2. Pers. Sg.	eris	poteris	ībis
3. Pers. Sg.	erit	poterit	ībit
1. Pers. Pl.	erimus	poterimus	ībimus
2. Pers. Pl.	eritis	poteritis	ībitis
3. Pers. Pl.	erunt	poterunt	ībunt
ebenso:	adesse → aderō dēesse → dēerō prōdesse → prōderō		abīre → abībō redīre → redībō usw.

erō — ich werde sein
poterō — ich werde können
ībō — ich werde gehen

Formen des Futur 1 Passiv

	ā-Konjugation	**ē-Konjugation**
1. Pers. Sg.	vocā-bo-r	terrē-bo-r
2. Pers. Sg.	vocā-**be**-ris	terrē-**be**-ris
3. Pers. Sg.	vocā-bi-tur	terrē-bi-tur
1. Pers. Pl.	vocā-bi-mur	terrē-bi-mur
2. Pers. Pl.	vocā-bi-minī	terrē-bi-minī
3. Pers. Pl.	vocā-bu-ntur	terrē-bu-ntur

vocābor — ich werde gerufen werden
terrēbor — ich werde erschreckt werden

-bor, -beris, -bitur, -bimur, -biminī, -buntur.

§ 90   Lektion 19

	ī-Konjugation	konsonantische Konjugation
1. Pers. Sg.	audi-a-r	mitt-a-r
2. Pers. Sg.	audi-ē-ris	mitt-ē-ris
3. Pers. Sg.	audi-ē-tur	mitt-ē-tur
1. Pers. Pl.	audi-ē-mur	mitt-ē-mur
2. Pers. Pl.	audi-ē-minī	mitt-ē-minī
3. Pers. Pl.	audi-e-ntur	mitt-e-ntur
	konsonantische Konjugation mit i-Erweiterung	
1. Pers. Sg.	cap-i-a-r	
2. Pers. Sg.	cap-i-ē-ris	
3. Pers. Sg.	cap-i-ē-tur	
1. Pers. Pl.	cap-i-ē-mur	
2. Pers. Pl.	cap-i-ē-minī	
3. Pers. Pl.	cap-i-e-ntur	

    audiar   ich werde gehört werden
    mittar   ich werde geschickt werden
    capiar   ich werde gefangen werden

-ar, -ēris, -ētur, -ēmur, -ēminī, -entur.

Beachte:

In der 2. Person Singular unterscheiden sich das Präsens und das Futur Passiv nur durch die Länge des -e-:

    mitteris   du wirst geschickt
    mittēris   du wirst geschickt werden

Lektion 19 §91

§ 91 Infinitiv Futur Aktiv

Num līberōs vestrōs dominīs aliēnīs servītūrōs (esse) vultis?

Wollt ihr etwa (jetzt), dass eure Kinder (später einmal) fremden Herren dienen werden?

Num eōs semper miserōs futūrōs (esse) vultis?

Wollt ihr etwa, dass sie immer unglücklich sein werden?

1. Bildeweise

Der Infinitiv Futur Aktiv besteht aus einer Zweiwortverbindung, dem Partizip Futur Aktiv und esse.

Das Partizip Futur Aktiv wird vom Stamm des Partizip Perfekt Passiv abgeleitet:

vocāre → vocātus, a, um → vocāt-**ūrus, a, um**   einer, der rufen wird
terrēre → territus, a, um → territ-**ūrus, a, um**   einer, der erschrecken wird
audīre → audītus, a, um → audīt-**ūrus, a, um**   einer, der hören wird
mittere → missus, a, um → miss-**ūrus, a, um**   einer, der schicken wird
capere → captus, a, um → capt-**ūrus, a, um**   einer, der fangen wird

Beachte:

1. Das Partizip Futur Aktiv von esse heißt **futūrus, a, um,** der Infinitiv Futur Aktiv also **futūrum, am, um**[1] **esse.** Als Infinitiv Futur Aktiv von esse erscheint häufig **fore**.
2. Wie beim Infinitiv Perfekt Passiv steht auch beim Infinitiv Futur Aktiv das Partizip in KNG-Kongruenz zu seinem Beziehungswort.
3. Beim Infinitiv Futur Aktiv kann esse fehlen. Die Form ist dann aus dem Zusammenhang zu ergänzen.

2. Zeitverhältnis

Der Infinitiv Futur Aktiv drückt das Zeitverhältnis der **Nachzeitigkeit** aus, d. h., der durch den Infinitiv Futur Aktiv ausgedrückte Vorgang liegt zeitlich später als die Aussage, die durch das Prädikat des Satzes getroffen wird.

---

1 Akkusativ, weil der Infinitiv Futur Aktiv meist im aci vorkommt.

75

§§ 92–93　　　　　　　　　　　　　　　　　　　　　　Lektion 19

§ 92　Possessivpronomina der 1. und 2. Person Singular und Plural

Amīcī meī in Campō Mārtiō sē exercent, amīcōs tuōs pilā lūdere dēlectat.	Meine Freunde trainieren auf dem Marsfeld, deine Freunde spielen gern mit dem Ball.
Lūcius dīcit: »Miseriā nostrā coāctus bovem vendidī.«	Lucius sagt: »Durch unser Unglück gezwungen, habe ich den Ochsen verkauft.«
Tiberius Gracchus interrogat: »Quam diū uxōrēs līberīque vestrī fame vexābuntur?«	Tiberius Gracchus fragt: »Wie lange noch werden eure Frauen und Kinder vom Hunger gequält werden?«

Die Formen meī, tuōs, nostrā und vestrī zeigen jeweils den Besitzer an; sie heißen daher besitzanzeigende Fürwörter = Possessivpronomina (possidēre: besitzen). Die Possessivpronomina stimmen wie die Adjektive in Kasus, Numerus und Genus mit ihrem Beziehungswort überein (KNG-Kongruenz). In unseren Beispielen füllen sie die Satzstelle Attribut.

Formen des Possessivpronomens:

1. Person Singular:	meus, a, um: mein
2. Person Singular:	tuus, a, um: dein
3. Person Singular:	suus, a, um: sein, ihr (vgl. Lektion 13, § 58 und Lektion 19, § 93)
1. Person Plural:	noster, nostra, nostrum: unser
2. Person Plural:	vester, vestra, vestrum: euer
3. Person Plural:	suus a, um: sein, ihr (vgl. Lektion 13, § 58 und Lektion 19, § 93)

§ 93　Das Possessivpronomen der 3. Person Singular und Plural

Tullia magistrum suum nōn valdē amat.	Tullia mag ihren Lehrer nicht sehr.
Mārcus ad amīcum suum scrībit.	Marcus schreibt an seinen Freund.

76

Lektion 19   §§ 93–95

Patricius semper rēs suās cūrat.	Ein Patrizier kümmert sich immer nur um seine Angelegenheiten.
Senātōrēs semper rēs suās cūrant.	Die Senatoren kümmern sich immer nur um ihre Angelegenheiten.

Beachte:

1. Anders als im Deutschen gibt es im Lateinischen nur **ein** Possessivpronomen für die 3. Person Singular und Plural. Suus bezieht sich immer auf das Subjekt des Satzes (reflexives Besitzverhältnis[1]). Beim Übersetzen der Singularformen musst du also sorgfältig auf das Genus des Subjekts achten, damit du dich zwischen »sein« oder »ihr« entscheiden kannst.
2. Für die lateinischen Possessivpronomina aller Personen gilt: Sie werden nur verwendet, wenn das Besitzverhältnis besonders betont werden soll.

§ 94   Doppelter Akkusativ

Tribūnum plēbis creāte Tiberium!	Wählt Tiberius zum Volkstribun!
Claudium stultum putō.	Ich halte Claudius für dumm.

Creāre, »wählen zu«, und putāre, »halten für«, stehen mit doppeltem Akkusativ. Bei der Umwandlung ins Passiv wird aus dem doppelten Akkusativ ein doppelter Nominativ:

Tiberius tribūnus plēbis creātur.	Tiberius wird zum Volkstribun gewählt.
Claudius stultus putātur.	Claudius wird für dumm gehalten.

§ 95   Antithese

Bēstiae latebrās suās habent, sed vōs per Italiam errātis.	Tiere haben ihre Schlupfwinkel, ihr aber irrt durch Italien.

Die Situation der Tiere wird hier dem Leben der Menschen gegenübergestellt. Dieses Stilmittel nennt man Antithese (Gegensatz).

---

1 Vgl. Lektion 13, § 58.

Lektion 20 §§ 96–100

§ 96 ferre: tragen, bringen

ferre, ferō, tulī, lātum

Das unregelmäßige Verb ferre weicht im Präsens von den Formen der konsonantischen Konjugation ab, mit der es im Imperfekt und Futur übereinstimmt.

	Präsens			
1. Pers. Sg.	fer-ō	ich trage	fer-o-r	ich werde getragen
2. Pers. Sg.	fer-s		fer-ris	
3. Pers. Sg.	fer-t		fer-tur	
1. Pers. Pl.	fer-i-mus		fer-i-mur	
2. Pers. Pl.	fer-tis		fer-i-minī	
3. Pers. Pl.	fer-u-nt		fer-u-ntur	
Infinitiv	fer-re	tragen	fer-rī	getragen werden
	Imperfekt			
1. Pers. Sg.	ferēbam	ich trug	ferēbar	ich wurde getragen
2. Pers. Sg.	ferēbas		ferēbāris	
	Futur			
1. Pers. Sg.	feram	ich werde tragen	ferar	ich werde getragen
2. Pers. Sg.	ferēs		ferēris	werden
	Perfekt			
1. Pers. Sg.	tulī	ich habe getragen,	lātus sum	ich bin getragen
2. Pers. Sg.	tulistī	ich trug	lātus es	worden,
3. Pers. Sg.	tulit		lātus est	ich wurde getragen
1. Pers. Pl.	tulimus		lātī sumus	
2. Pers. Pl.	tulistis		lātī estis	
3. Pers. Pl.	tulērunt		lātī sunt	
Infinitiv	tulisse	getragen haben	lātum, am, um esse	getragen worden sein
	Plusquamperfekt			
1. Pers. Sg.	tuleram	ich hatte getragen	lātus eram	ich war getragen
2. Pers. Sg.	tulerās		lātus erās	worden

78

Lektion 20 §§ 97–98

§ 97   Das Reflexivpronomen im aci

(1)	Syrus umbram post sē vīdit.	Syrus sah einen Schatten hinter sich.
(2a)	Gavius effūgit et Messānae sē in nāvem contulit.	Gavius floh und begab sich in Messina auf ein Schiff.
(2b)	Ita iam Italiae ōram, ubī sē sēcūrum fore spērābat, prope vidēbat.	So sah er schon die Küste Italiens nahe (vor sich), wo er, wie er hoffte, sicher sein würde.
(3)	Rōmānī sē dominōs orbis terrārum esse putābant.	Die Römer glaubten, dass sie die Herren der Welt seien.

Das Reflexivpronomen (rückbezügliches Fürwort) sē bezieht sich hier immer auf das Subjekt des Satzes:

(1)   sē → Syrus
(2a)   sē → Gavius
(2b)   sē → Gavius
(3)   sē → Rōmānī

In Satz 2b ist sē Subjektsakkusativ im aci. Deshalb muss es, weil es sich auf Gavius bezieht, mit dem Nominativ des Personalpronomens der 3. Person Singular m. »er« übersetzt werden.

In Satz 3 bezieht sich der Subjektsakkusativ sē auf Rōmānī. Daher muss er hier mit dem Nominativ des Personalpronomens der 3. Person Plural m. »sie« wiedergegeben werden.

Beachte:

1. Du musst bei der Übersetzung des Reflexivpronomens im aci genau darauf achten, worauf sich sē bezieht.
2. Wenn sē Subjektsakkusativ im aci ist, wird es nie mit dem Reflexivpronomen, sondern immer mit einem Personalpronomen übersetzt.

§ 98   Relativischer Anschluss

Verrēs iniūriam afferēbat incolīs Siciliae. Ā quibus egō ōrātus auxilium feram prōvinciae.	Verres tat den Einwohnern Siziliens Unrecht. Von diesen/Von ihnen gebeten werde ich der Provinz helfen.

Im Lateinischen steht oft am Anfang eines neuen Satzes ein Relativpronomen, um diesen Satz eng an den vorhergehenden anzubinden. Wir übersetzen mit dem Demonstrativpronomen oder dem Personalpronomen.

79

§§ 99–100   Lektion 20

§ 99 iste, ista, istud: dieser (da), diese (da), dies(es) (da)

tū et istī tuī amīcī   du und deine (abscheulichen) Freunde
                                         (da)

Dieses Demonstrativpronomen hat häufig einen abwertenden Sinn. Die Formen
haben Ähnlichkeit mit denen des Pronomens is, ea, id (vgl. Lektion 13, § 56).

| | Singular | | | Plural | | |
	m.	f.	n.	m.	f.	n.
Nom.	iste	ista	istud	istī	istae	ista
Gen.	istīus	istīus	istīus	istōrum	istārum	istōrum
Dat.	istī	istī	istī	istīs	istīs	istīs
Akk.	istum	istam	istud	istōs	istās	ista
Abl.	istō	istā	istō	istīs	istīs	istīs

§ 100 Hypérbaton

Tū **plūrēs**, quam aliī anteā   Du hast den Bewohnern Siziliens mehr
intulerant, **iniūriās** incolīs   Unrecht angetan als andere vorher.
Siciliae intulistī.

Das Hypérbaton ist die Trennung zweier zusammengehöriger Wörter; so wird
das erste Wort (plūrēs) betont und eine Spannung auf das noch zu erwartende
zweite Wort (iniūriās) erzeugt.

Lektion 21 §§ 101–104

§ 101 Substantive der i-Deklination

Bei einigen wenigen Substantiven wie turris, is f., »Turm«, und mare, maris n., »Meer«, endet der Wortstamm auf -i; sie gehören daher zur i-Deklination.

	Singular	Plural	Singular	Plural
Nom.	turr-i-s (f.)	turr-ēs	mar-e (n.)	mar-**i-a**
Gen.	turr-i-s	turr-**i-um**	mar-i-s	mar-**i-um**
Dat.	turr-ī	turr-i-bus	mar-ī	mar-i-bus
Akk.	turr-**im**	turr-**īs** (turr-ēs)	mar-e	mar-**i-a**
Abl.	turr-**ī**	turr-i-bus	mar-**ī**	mar-i-bus
Ebenso: sitis, is f.: Durst				

Beachte:

Im Unterschied zur konsonantischen Deklination endet der Ablativ Singular immer auf -**ī**, der Genitiv Plural immer auf -**ium**.
Die femininen Substantive der i-Deklination bilden darüber hinaus den Akkusativ Singular auf -**im**, die Neutra den Nominativ und Akkusativ Singular auf -**ia**.

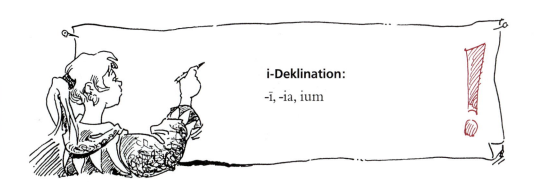

i-Deklination:
-ī, -ia, ium

§ 102

§ 102 Adjektive der i-Deklination

Die Adjektive der i-Deklination haben wie die Substantive der i-Deklination im Ablativ Singular die Endung -ī, im Genitiv Plural -ium und im Nominativ und Akkusativ Plural n. -ia.

Die Adjektive der i-Deklination werden in drei Gruppen eingeteilt:

1. Zu den so genannten **einendigen** Adjektiven gehören diejenigen, die im Nominativ Singular für alle drei Genera (Genera: Plural von »Genus«) nur **eine** Endung haben:

vir fēlīx	ein glücklicher Mann
mulier fēlīx	eine glückliche Frau
tempus fēlīx	eine glückliche Zeit

2. Die **zweiendigen** Adjektive haben im Nominativ Singular **zwei** Endungen, eine gemeinsame für das Maskulinum und Femininum und eine gesonderte für das Neutrum:

liber admīrābilis	ein bewundernswertes Buch
rēs admīrābilis	eine bewunderswerte Sache
spectāculum admīrābile	ein bewundernswertes Schauspiel

3. **Dreiendige** Adjektive haben im Nominativ Singular für jedes Genus eine eigene Form:

dolor ācer	ein heftiger Schmerz
vōx ācris	eine scharfe/durchdringende Stimme
proelium ācre	ein heftiges/erbittertes Gefecht

	Singular			Plural		
	m.	f.	n.	m.	f.	n.
Nom.	fēlīx	fēlīx	fēlīx	fēlīc-ēs	fēlīc-ēs	fēlīc-**ia**
Gen.	fēlīc-is	fēlīc-is	fēlīc-is	fēlīc-**ium**	fēlīc-**ium**	fēlīc-**ium**
Dat.	fēlīc-ī	fēlīc-ī	fēlīc-ī	fēlīc-ibus	fēlīc-ibus	fēlīc-ibus
Akk.	fēlīc-em	fēlīc-em	fēlīx	fēlīc-ēs	fēlīc-ēs	fēlīc-**ia**
Abl.	fēlīc-**ī**	fēlīc-**ī**	fēlīc-**ī**	fēlīc-ibus	fēlīc-ibus	fēlīc-ibus

82

Lektion 21   §§ 102–103

Singular	m.	f.	n.
Nom.	admīrābil-is	admīrābil-is	admīrābil-e
Gen.	admīrābil-is	admīrābil-is	admīrābil-is
Dat.	admīrābil-ī	admīrābil-ī	admīrābil-ī
Akk.	admīrābil-em	admīrābil-em	admīrābil-e
Abl.	admīrābil-**ī**	admīrābil-**ī**	admīrābil-**ī**

Plural	m.	f.	n.
Nom.	admīrābil-ēs	admīrābil-ēs	admīrābil-**ia**
Gen.	admīrābil-**ium**	admīrābil-**ium**	admīrābil-**ium**
Dat.	admīrābil-ibus	admīrābil-ibus	admīrābil-ibus
Akk.	admīrābil-ēs	admīrābil-ēs	admīrābil-**ia**
Abl.	admīrābil-ibus	admīrābil-ibus	admīrābil-ibus

	Singular			Plural		
	m.	f.	n.	m.	f.	n.
Nom.	ācer	ācr-is	ācr-e	ācr-ēs	ācr-ēs	ācr-**ia**
Gen.	ācr-is	ācr-is	ācr-is	ācr-**ium**	ācr-**ium**	ācr-**ium**
Dat.	ācr-ī	ācr-ī	ācr-ī	ācr-ibus	ācr-ibus	ācr-ibus
Akk.	ācr-em	ācr-em	ācr-e	ācr-ēs	ācr-ēs	ācr-**ia**
Abl.	ācr-**ī**	ācr-**ī**	ācr-**ī**	ācr-ibus	ācr-ibus	ācr-ibus

§ 103   Substantive der gemischten Deklination

Zur gemischten Deklination gehören die Substantive, welche in allen Kasus die Endungen der konsonantischen Deklination aufweisen, den Genitiv Plural jedoch – wie die Substantive der i-Deklination – auf **-ium** bilden.[1]

	Singular	Plural	Singular	Plural
Nom.	urbs	urb-ēs	nāv-is	nāv-ēs
Gen.	urb-is	urb-**ium**	nāv-is	nāv-**ium**
Dat.	urb-ī	urb-ibus	nāv-ī	nāv-ibus
Akk.	urb-em	urb-ēs	nāv-em	nāv-ēs
Abl.	urb-e	urb-ibus	nāv-e	nāv-ibus

---

1 Vgl. Lektion 7, § 28.

§§ 103–104   Lektion 21

Man unterscheidet zwei Gruppen:

1. Substantive wie urbs, deren Wortstamm auf zwei (oder mehr) Konsonanten
   endet; z. B.:

   urbs, u**rb**-is: Stadt; gēns, ge**nt**-is: Volksstamm; nox, no**ct**-is: Nacht

Ausnahmen:

   pater, patris → patrum: der Väter
   māter, mātris → mātrum: der Mütter
   frāter, frāris → frātrum: der Brüder

2. Zweisilbige Substantive mit der Nominativendung **-is** oder **-ēs**, die im Genitiv
   gleichfalls zwei Silben haben (»gleichsilbiger Genitiv«); z. B.:

   nāv-**is**, nāv-**is**: Schiff; host-**is**, host-**is**: Feind; clād-**ēs**, clād-**is**: Niederlage;
   caed-**ēs**, caed-**is**: Morden

Ausnahmen:

   iuvenis, iuvenis → iuvenum: der jungen Männer, der jungen Frauen
   sēdēs, sēdis f. → sēdum: der (Wohn-)Sitze

§ 104 Substantivierung des Possessivpronomens

Gāius Iūlius Caesar ab omnibus nostrīs amātur.	Gaius Iulius Caesar wird von allen unseren Leuten geliebt.

Die Possessivpronomina können ebenso wie die Adjektive substantiviert werden:

meī (als Nom. Pl. m.)	meine; »die Meinen« = meine Angehörigen
mea (als Nom. Pl. n.)	meine (Dinge); »das Meine« = mein Hab und Gut
usw.	

Vgl.	Rōmānus, a, um	römisch; der Römer, die Römerin, das Römische

84

Lektion 22 §§ 105–108

§ 105 Aussageformen des Verbs (Modi)

Es gibt drei Aussageformen des Verbs (Modi):

1. Indikativ (Wirklichkeitsform): er geht
2. Imperativ (Befehlsform): geh!
3. Konjunktiv (Möglichkeitsform): er würde gehen/er ginge

§ 106 Funktionen des Konjunktivs in ut/nē-Sätzen

1. Finale Ojektsätze

Tantalus servīs imperat, ut cēnam parent.	Tantalus befiehlt seinen Sklaven, dass sie das Mahl vorbereiten (sollen)/das Mahl vorzubereiten.
Tantalus deōs ōrat, nē dolōribus vexētur.	Tantalus bittet die Götter darum, dass er nicht mit Schmerzen gequält wird/ nicht mit Schmerzen gequält zu werden.

Die Konjunktionen ut/nē, »dass/dass nicht«, leiten hier Gliedsätze ein, die einen Wunsch, einen Befehl oder ein Begehren bezeichnen. Der Gliedsatz füllt die Satzstelle Objekt (Was befiehlt Tantalus? Worum bittet Tantalus die Götter?).

Semantische Funktion: final
Syntaktische Funktion: Objekt

Das Prädikat des ut- oder nē-Satzes steht im Konjunktiv. Der Konjunktiv wird im Deutschen mit dem Indikativ oder mit »sollen« wiedergegeben; oft ist auch eine Übersetzung mit Infinitiv mit »zu« möglich.

§ 106   Lektion 22

nē nach Verben des Fürchtens und Hinderns

Tantalus timet, nē semper fame vexētur. — Tantalus fürchtet, dass er immer von Hunger gequält wird/immer von Hunger gequält zu werden.

Quis prohibēre potest, nē cibōs deōrum hominibus trādam? — Wer kann verhindern, dass ich die Speisen der Götter an die Menschen weitergebe?

Nē wird hier mit »dass« übersetzt; diese Übersetzung wird dir klar, wenn du überlegst, welchen Wunsch der Gliedsatz jeweils ausdrückt: Tantalus soll nicht immer von Hunger gequält werden – er fürchtet es aber. Ich soll die Speisen der Götter nicht an die Menschen weitergeben – wer kann es aber verhindern?

2. Finale Adverbialsätze

Labōrō, ut vīvam. — Ich arbeite, damit ich lebe/um zu leben.

Eō cōnsiliō arcāna deōrum hominibus prōdam, nē deōs timeant. — Ich werde die Geheimnisse der Götter in der Absicht den Menschen verraten, dass sie die Götter nicht zu fürchten brauchen.

Die Konjunktionen ut/nē, »damit, dass/damit nicht, dass nicht«, leiten hier Gliedsätze ein, die einen Zweck oder eine Absicht bezeichnen. Der Gliedsatz füllt die Satzstelle adverbiale Bestimmung (Wozu arbeite ich? In welcher Absicht werde ich den Menschen die Geheimnisse der Götter verraten?).

Semantische Funktion: final
Syntaktische Funktion: adverbiale Bestimmung

Das Prädikat des ut- oder nē-Satzes steht auch hier im Konjunktiv. Oft ist eine Übersetzung mit Infinitiv mit »um zu« möglich.

Lektion 22 § 107

§ 107 Formen des Konjunktiv Präsens

	ā-Konjugation Aktiv	**ā-Konjugation Passiv**
1. Pers. Sg.	voce-m	voce-r
2. Pers. Sg.	vocē-s	vocē-ris
3. Pers. Sg.	voce-t	vocē-tur
1. Pers. Pl.	vocē-mus	vocē-mur
2. Pers. Pl.	vocē-tis	vocē-minī
3. Pers. Pl.	voce-nt	voce-ntur

	ē-Konjugation Aktiv	**ē-Konjugation Passiv**
1. Pers. Sg.	terre-a-m	terre-a-r
2. Pers. Sg.	terre-ā-s	terre-ā-ris
3. Pers. Sg.	terre-a-t	terre-ā-tur
1. Pers. Pl.	terre-ā-mus	terre-ā-mur
2. Pers. Pl.	terre-ā-tis	terre-ā-minī
3. Pers. Pl.	terre-a-nt	terre-a-ntur

	ī-Konjugation Aktiv	**ī-Konjugation Passiv**
1. Pers. Sg.	audi-a-m	audi-a-r
2. Pers. Sg.	audi-ā-s	audi-ā-ris
3. Pers. Sg.	audi-a-t	audi-ā-tur
1. Pers. Pl.	audi-ā-mus	audi-ā-mur
2. Pers. Pl.	audi-ā-tis	audi-ā-minī
3. Pers. Pl.	audi-a-nt	audi-a-ntur

	konsonantische Konjugation Aktiv	**konsonantische Konjugation Passiv**
1. Pers. Sg.	mitt-a-m	mitt-a-r
2. Pers. Sg.	mitt-ā-s	mitt-ā-ris
3. Pers. Sg.	mitt-a-t	mitt-ā-tur
1. Pers. Pl.	mitt-ā-mus	mitt-ā-mur
2. Pers. Pl.	mitt-ā-tis	mitt-ā-minī
3. Pers. Pl.	mitt-a-nt	mitt-a-ntur

	konsonantische Konjugation mit i-Erweiterung Aktiv	**konsonantische Konjugation mit i-Erweiterung Passiv**
1. Pers. Sg.	cap-i-a-m	cap-i-a-r
2. Pers. Sg.	cap-i-ā-s	cap-i-ā-ris
3. Pers. Sg.	cap-i-a-t	cap-i-ā-tur
1. Pers. Pl.	cap-i-ā-mus	cap-i-ā-mur
2. Pers. Pl.	cap-i-ā-tis	cap-i-ā-minī
3. Pers. Pl.	cap-i-a-nt	cap-i-a-ntur

87

	esse	prōdesse	posse	īre
1. Pers. Sg.	si-m	prōsi-m	possi-m	e-a-m
2. Pers. Sg.	sī-s	prōsī-s	possī-s	e-ā-s
3. Pers. Sg.	si-t	prōsi-t	possi-t	e-a-t
1. Pers. Pl.	sī-mus	prōsī-mus	possī-mus	e-ā-mus
2. Pers. Pl.	sī-tis	prōsī-tis	possī-tis	e-ā-tis
3. Pers. Pl.	si-nt	prōsi-nt	possi-nt	e-a-nt

Kennzeichen des Konjunktiv Präsens:

ā-Konjugation: **e**
alle anderen Konjugationen: **a**
esse/posse/prōdesse: **i**

§ 108 Litotes

Cōnsilia deōrum nōn īgnōrō.   Ich kenne die Pläne der Götter sehr genau.

Durch die doppelte Verneinung nōn īgnōrō wird eine verstärkte Bejahung ausgedrückt. Dieses Stilmittel nennt man Litotes.

Lektion 23 §§ 109–111

§ 109 Konjunktiv im Hauptsatz

Hostis pūniātur.	Der Feind soll bestraft werden.
Diū nē cōgitēmus!	Lasst uns nicht lange überlegen!

Wenn wir die Welt beschreiben wollen, wie sie ist – wenn wir über Vorgänge und Zustände etwas aussagen, dann benutzen wir den Indikativ. Er ist der Modus der Tatsachen, der Realität. Im Hauptsatz drückt der lateinische Konjunktiv Wünsche und Vorstellungen aus. Mit dem Konjunktiv zeigen wir, dass wir uns etwas auch anders vorstellen können, als es ist, dass wir im Zweifel sind und dass wir auf unseren Gesprächspartner einwirken möchten. Ein Wunschsatz wird mit **nē** verneint.

§ 110 Semantische Funktionen des Konjunktiv Präsens im Hauptsatz

1. Quid faciāmus? Was sollen wir tun?

In einer Frage drückt der Konjunktiv Präsens der 1. Person Singular und Plural eine Überlegung oder einen Zweifel aus. Er heißt dann **coniūnctīvus dēlīberātīvus** (dēlīberāre: überlegen) oder **coniūnctīvus dubitātīvus** (dubitāre: zweifeln).

2. Diū nē cōgitēmus, sed faciāmus id, quod deī postulant! Lasst uns nicht lange überlegen, sondern das tun, was die Götter fordern!

Die 1. Person Plural des Konjunktiv Präsens bezeichnet eine Aufford, die an die eigene Gruppe gerichtet ist: **coniūnctīvus adhortātīvus** (adhortārī: auffordern).

3. Polynīcem relinquant īnsepultum! Sie sollen Polynices unbestattet liegen lassen!

Der Konjunktiv Präsens der 3. Person Singular und Plural bezeichnet hier eine nachdrückliche Aufforderung: **coniūnctīvus iussīvus** (iubēre: befehlen).

4. (Utinam) noctū faciās, quod in animō habēs! — Hoffentlich tust du bei Nacht, was du vorhast!/ So tu doch bei Nacht, was du vorhast!

Der Konjunktiv Präsens bezeichnet hier einen Wunsch, den der Sprecher für erfüllbar hält: **coniūnctīvus optātīvus** (optāre: wünschen). Dass ein Wunsch ausgedrückt wird, kann durch das einleitende Wort **utinam** verdeutlicht werden.

§ 111 Konsekutivsätze

Num movēris cūrīs tam gravibus, ut iterum nārrēs dē frātribus? — Bedrücken dich etwa so schwere Sorgen, dass du erneut von den Brüdern erzählst?

Die Konjunktion ut (verneint: ut nōn), »sodass«, leitet einen Gliedsatz ein, der eine Folge bezeichnet. Das Prädikat des ut-Satzes steht im Konjunktiv; wir übersetzen mit dem Indikativ. Oft wird der Konsekutivsatz durch ein »Signalwort« im Hauptsatz vorbereitet, z. B. tam: so; tantus: so groß.

Ein Konsekutivsatz füllt die Satzstelle adverbiale Bestimmung.

Lektion 24 §§ 112–115

§ 112 Demonstrativpronomina

1. ille, illa, illud: jener, jene, jenes

(1) Quam fēlīx eram illō diē!   Wie war ich an jenem (damaligen) Tag glücklich!

(2) Deī illam perdant!   Die Götter sollen jene (Frau) vernichten!

Das Demonstrativpronomen ille, illa, illud weist auf etwas hin, das für den Sprecher zeitlich, räumlich oder gefühlsmäßig weit entfernt ist.
Ille, illa, illud kann sowohl wie ein Adjektiv (Beispiel 1) als auch wie ein Substantiv (Beispiel 2) verwendet werden.

	Singular			Plural		
	m.	**f.**	**n.**	**m.**	**f.**	**n.**
Nom.	ille	illa	illud	illī	illae	illa
Gen.	illīus	illīus	illīus	illōrum	illārum	illōrum
Dat.	illī	illī	illī	illīs	illīs	illīs
Akk.	illum	illam	illud	illōs	illās	illa
Abl.	illō	illā	illō	illīs	illīs	illīs

2. hic, haec, hoc: dieser, diese, dies(es)

(1) Num haec putem?   Soll ich dies (hier) etwa glauben?

(2) Hunc deum nōn iam adōrābō.   Diesen Gott (hier) werde ich nicht mehr anbeten.

Im Gegensatz zu ille verweist hic, haec, hoc auf das, was sich für den Sprecher oder die Sprecherin in unmittelbarer räumlicher, zeitlicher oder gefühlsmäßiger Nähe befindet.
Auch hic, haec, hoc kann substantivisch (Satz 1) oder adjektivisch (Satz 2) gebraucht werden.

91

§§ 112–113   Lektion 24

	Singular			Plural		
	m.	f.	n.	m.	f.	n.
Nom.	hic	haec	hoc	hī	hae	haec
Gen.	huius	huius	huius	hōrum	hārum	hōrum
Dat.	huic	huic	huic	hīs	hīs	hīs
Akk.	hunc	hanc	hoc	hōs	hās	haec
Abl.	hōc	hāc	hōc	hīs	hīs	hīs

§ 113   u-Deklination

	Singular	Plural
Nom.	exercit-**us**	exercit-**ūs**
Gen.	exercit-**ūs**	exercit-**uum**
Dat.	exercit-**uī**	exercit-**ibus**
Akk.	exercit-**um**	exercit-**ūs**
Abl.	exercit-**ū**	exercit-**ibus**

Die Substantive der u-Deklination sind meistens maskulin.

Ausnahmen:

> manus, ūs f.: Hand
> domus, ūs f.: Haus

Das Substantiv **domus** wird teilweise nach der o-Deklination dekliniert:

	Singular	Plural
Nom.	dom-us	dom-ūs
Gen.	dom-ūs	dom-**ōrum** (dom-uum)
Dat.	dom-uī	dom-ibus
Akk.	dom-um	dom-**ōs** (selten dom-ūs)
Abl.	dom-**ō**	dom-ibus

Beachte:

> domī: zu Hause
> domum: nach Hause
> domō: von zu Hause

92

Lektion 24 §§ 114–115

§ 114 Genitīvus quālitātis

Puer paucōrum mēnsium!	Ein Junge von wenigen Monaten!/ Ein wenige Monate alter Junge!
Pūblius Cornēlius Scīpiō erat vir māgnae virtūtis.	Publius Cornelius Scipio war ein Mann von großer Tüchtigkeit./Publius Cornelius Scipio war sehr tüchtig.

In unseren Beispielen bestimmt der Genitiv die Substantive puer bzw. vir näher und füllt somit die Satzstelle Attribut.
Er bezeichnet die Eigenschaft oder Beschaffenheit einer Person (oder Sache) und heißt daher genitīvus quālitātis (quālitās, ātis f.: Beschaffenheit, Eigenschaft).

§ 115 quī? quae? quod?: welcher? welche? welches?

Quō(nam) modō hoc intellēxistī?	Auf welche Weise hast du dies (denn) erkannt?
Sed quī hērōs illōs genuit?	Aber welcher Halbgott hat jene/sie gezeugt?

Die Formen von quī, quae, quod, die du bisher als Formen des Relativpronomens (vgl. Lektion 18, § 86) kennst, können auch als Fragewörter (Interrogativpronomina) verwendet werden. Sie verhalten sich dann wie Adjektive, d. h., sie stehen in KNG-Kongruenz zu ihrem Beziehungswort, und heißen daher **adjektivische Interrogativpronomina**.

Lektion 25

§§ 116–117

§ 116   Funktion des Konjunktiv Imperfekt

1. Final- und Konsekutivsatz

Mōnstrum ab Iūnōne in Graeciam missum est, ut Herculem perderet.	Ein Ungeheuer wurde von Iuno nach Griechenland geschickt, damit es Hercules zugrunde richte.
Iūnō tantō odiō in Herculem afficiēbatur, ut ei omnibus modīs dētrīmentō esset.	Iuno hasste Hercules so sehr, dass sie ihm auf jede Weise schadete.
Herculēs spīritum tenet, nē venēnō afficerētur.	Hercules hielt den Atem an, damit er nicht mit dem Gift in Berührung käme (komme)/um nicht mit dem Gift in Berührung zu kommen.

Der Konjunktiv Imperfekt in einem finalen oder konsekutiven Gliedsatz bezeichnet die **Gleichzeitigkeit**, wenn das Prädikat des übergeordneten Satzes in der Vergangenheit steht. Dabei ist es gleichgültig, um welches Tempus der Vergangenheit (Perfekt, Imperfekt, Plusquamperfekt, historisches Präsens) es sich dort handelt.

Im Deutschen steht im Finalsatz meist der Konjunktiv Präsens (besser ist allerdings oft der Infinitiv mit »um zu«), im Konsekutivsatz der Indikativ Imperfekt.

2. Konditionalsatz: Irrealis der Gegenwart

Nisī capita semper dēnuō crēscerent, labor noster facilis esset.	Wenn die Köpfe nicht immer nachwüchsen, wäre unsere Arbeit leicht.

In einem konditionalen Satzgefüge bezeichnet der Konjunktiv Imperfekt einen **irrealen**, d. h. einen als nichtwirklich oder unmöglich dargestellten Sachverhalt:

> Wenn die Köpfe nicht immer nachwüchsen (sie tun's aber doch), wäre unsere Arbeit leicht (sie ist es aber nicht).

Im Deutschen steht ebenso wie im Lateinischen sowohl im Haupt- als auch im Gliedsatz der Konjunktiv Imperfekt.

§ 117 Formen des Konjunktiv Imperfekt

	ā-Konjugation Aktiv	ā-Konjugation Passiv
1. Pers. Sg.	vocā-**re**-m	vocā-**re**-r
2. Pers. Sg.	vocā-**rē**-s	vocā-**rē**-ris
3. Pers. Sg.	vocā-**re**-t	vocā-**rē**-tur
1. Pers. Pl.	vocā-**rē**-mus	vocā-**rē**-mur
2. Pers. Pl.	vocā-**rē**-tis	vocā-**rē**-minī
3. Pers. Pl.	vocā-**re**-nt	vocā-**re**-ntur
	ē-Konjugation Aktiv	**ē-Konjugation Passiv**
1. Pers. Sg.	terrē-**re**-m	terrē-**re**-r
2. Pers. Sg.	terrē-**rē**-s	terrē-**rē**-ris
3. Pers. Sg.	terrē-**re**-t	terrē-**rē**-tur
1. Pers. Pl.	terrē-**rē**-mus	terrē-**rē**-mur
2. Pers. Pl.	terrē-**rē**-tis	terrē-**rē**-minī
3. Pers. Pl.	terrē-**re**-nt	terrē-**re**-ntur
	ī-Konjugation Aktiv	**ī-Konjugation Passiv**
1. Pers. Sg.	audī-**re**-m	audī-**re**-r
2. Pers. Sg.	audī-**rē**-s	audī-**rē**-ris
3. Pers. Sg.	audī-**re**-t	audī-**rē**-tur
1. Pers. Pl.	audī-**rē**-mus	audī-**rē**-mur
2. Pers. Pl.	audī-**rē**-tis	audī-**rē**-minī
3. Pers. Pl.	audī-**re**-nt	audī-**re**-ntur

Kennzeichen des Konjunktiv Imperfekt: -**re**-

§ 117   Lektion 25

	konsonantische Konjugation Aktiv	konsonantische Konjugation Passiv
1. Pers. Sg.	mitte-**re**-m	mitte-**re**-r
2. Pers. Sg.	mitte-**rē**-s	mitte-**rē**-ris
3. Pers. Sg.	mitte-**re**-t	mitte-**rē**-tur
1. Pers. Pl.	mitte-**rē**-mus	mitte-**rē**-mur
2. Pers. Pl.	mitte-**rē**-tis	mitte-**rē**-minī
3. Pers. Pl.	mitte-**re**-nt	mitte-**re**-ntur
	konsonantische Konjugation mit i-Erweiterung Aktiv	**konsonantische Konjugation mit i-Erweiterung Passiv**
1. Pers. Sg.	cape-**re**-m	cape-**re**-r
2. Pers. Sg.	cape-**rē**-s	cape-**rē**-ris
3. Pers. Sg.	cape-**re**-t	cape-**rē**-tur
1. Pers. Pl.	cape-**rē**-mus	cape-**rē**-mur
2. Pers. Pl.	cape-**rē**-tis	cape-**rē**-minī
3. Pers. Pl.	cape-**re**-nt	cape-**re**-ntur

Sonderformen:

esse → essem, essēs, esset, essēmus, essētis, essent

prōdesse → prōdessem, prōdessēs, prōdesset, prōdessēmus, prōdessētis, prōdessent

posse → possem, possēs, posset, possēmus, possētis, possent

īre → īrem, īrēs, īret, īrēmus, īrētis, īrent

ferre → ferrem, ferrēs, ferret, ferrēmus, ferrētis, ferrent

96

Lektion 26   §§ 118–120

§ 118   Indirekte Fragesätze

(1a)   Orpheus interrogat: »Cūr tam crūdēlēs estis, deī?«   Orpheus fragt: »Warum seid ihr so grausam, ihr Götter?«

(1b)   Orpheus interrogat, cūr deī tam crūdēlēs sint.   Orpheus fragt, warum die Götter so grausam seien (sind).

(2a)   Interrogō tē: »Quā viā rēgnum nostrum invāsistī?«   Ich frage dich: »Auf welchem Weg bist du in unser Reich eingedrungen?«

(2b)   Interrogō tē, quā viā rēgnum nostrum invāseris.   Ich frage dich, auf welchem Weg du in unser Reich eingedrungen bist.

(3a)   Interrogō vōs: »Īgnōtusne vōbīs est is deus?«   Ich frage euch: »Ist euch dieser Gott unbekannt?«

(3b)   Interrogō vōs, īgnōtusne vōbīs sit is deus/num is deus vōbīs īgnōtus sit.   Ich frage euch, ob euch dieser Gott unbekannt ist.

Während in unseren Beispielen 1a, 2a und 3a die Fragen direkt an die Adressaten gestellt werden und selbstständige (Haupt-)Sätze darstellen, sind die Fragesätze in 1b, 2b und 3b zu Gliedsätzen geworden. Sie füllen die Satzstelle Objekt. Die Fragen 1b, 2b und 3b richten sich jetzt nicht mehr unmittelbar an ein Gegenüber, sondern werden durch ein Verb des Fragens eingeleitet, d. h., sie sind von einem übergeordneten Prädikat abhängig. Daher heißen diese Sätzen abhängige bzw. indirekte Fragesätze.

Wie die direkten Fragen werden auch die indirekten entweder durch ein Interrogativpronomen (z. B. cūr) oder eine Fragepartikel (z. B. -ne oder num in der Bedeutung »ob«) eingeleitet.[1]

Im Lateinischen stehen die indirekten Fragesätze immer im Konjunktiv.

---

1 Vgl. Lektion 6, § 27. Anders als bei den direkten Fragen ist num als Einleitung einer indirekten Frage neutral, d. h., es bleibt offen, ob eine positive oder negative Antwort erwartet wird.

97

§§ 118–119   Lektion 26

Dabei ist, wie bei den anderen konjunktivischen Gliedsätzen[1] auch, die Zeiten-
folge zu beachten:

Einleitendes Prädikat im übergeordneten Satz	Indirekter Fragesatz	
	gleichzeitig	vorzeitig
Präsens	Konjunktiv Präsens	Konjunktiv Perfekt
Vergangenheitstempus (Perfekt, Imperfekt, Plusquamperfekt, historisches Präsens)	Konjunktiv Imperfekt	[Konjunktiv Plusquamperfekt (vgl. Lektion 27, § 122)]

§ 119   Formen des Konjunktiv Perfekt

	ā-Konjugation (vocāre)		ē-Konjugation (terrēre)	
	Aktiv	Passiv	Aktiv	Passiv
1. Pers. Sg.	vocāv-**erim**	vocātus **sim**	terru-**erim**	territus **sim**
2. Pers. Sg.	vocāv-**eris**	vocātus **sīs**	terru-**eris**	territus **sīs**
3. Pers. Sg.	vocāv-**erit**	vocātus **sit**	terru-**erit**	territus **sit**
1. Pers. Pl.	vocāv-**erimus**	vocātī **sīmus**	terru-**erimus**	territī **sīmus**
2. Pers. Pl.	vocāv-**eritis**	vocātī **sītis**	terru-**eritis**	territī **sītis**
3. Pers. Pl.	vocāv-**erint**	vocātī **sint**	terru-**erint**	territī **sint**
	ī-Konjugation (audīre)		konsonantische Konjugation (mittere)	
	Aktiv	Passiv	Aktiv	Passiv
1. Pers. Sg.	audīv-**erim**	audītus **sim**	mīs-**erim**	missus **sim**
2. Pers. Sg.	audīv-**eris**	audītus **sīs**	mīs-**eris**	missus **sīs**
3. Pers. Sg.	audīv-**erit**	audītus **sit**	mīs-**erit**	missus **sit**
1. Pers. Pl.	audīv-**erimus**	audītī **sīmus**	mīs-**erimus**	missī **sīmus**
2. Pers. Pl.	audīv-**eritis**	audītī **sītis**	mīs-**eritis**	missī **sītis**
3. Pers. Pl.	audīv-**erint**	audītī **sint**	mīs-**erint**	missī **sint**

---

1 Vgl. Lektion 25, § 116, 1 und Lektion 36, § 167.

Lektion 26 §§ 119–120

	konsonantische Konjugation mit i-Erweiterung (capere)	
	Aktiv	Passiv
1. Pers. Sg.	cēp-**erim**	captus **sim**
2. Pers. Sg.	cēp-**eris**	captus **sīs**
3. Pers. Sg.	cēp-**erit**	captus **sit**
1. Pers. Pl.	cēp-**erimus**	captī **sīmus**
2. Pers. Pl.	cēp-**eritis**	captī **sītis**
3. Pers. Pl.	cēp-**erint**	captī **sint**

Bildeweise des Konjunktiv Perfekt Aktiv: Perfektstamm + -erim, -eris, -erit, -erimus, -eritis, -erint

Bildeweise des Konjunktiv Perfekt Passiv: Partizip Perfekt Passiv + Konjunktiv Präsens von esse

§ 120 Prohibitiv

| Nē retrō flexeris oculōs in itinere! | Schau dich auf dem Weg nicht um! |
| Nē timueritis! | Fürchtet euch nicht! |

Ein an die 2. Person gerichtetes Verbot (verneinter Imperativ) wird durch nē + Konjunktiv Perfekt (coniūnctīvus prohibitīvus) gebildet. Das Perfekt bezeichnet hier nicht die Vergangenheit und wird daher präsentisch übersetzt.

Lektion 27 §§ 121–126

§ 121 Der Konjunktiv Plusquamperfekt als Irrealis der Vergangenheit

Sī Paris Helenam nōn rapuisset,	Wenn Paris Helena nicht geraubt hätte,
domī mansissēs –	wärst du zu Hause geblieben –
beātī fuissēmus.	wir wären glücklich gewesen.

Penelope stellt sich hier etwas vor, was hätte sein können, aber nicht eingetreten, d. h. **irreal** ist: Denn in Wirklichkeit hat Paris Helena geraubt, folglich ist Odysseus nicht zu Hause geblieben und daher waren Penelope und Odysseus nicht zusammen glücklich.

Weder die gedachte Bedingung (»wenn x gewesen wäre«) noch die gedachte Schlussfolgerung (»dann wäre y eingetreten«) decken sich hier also mit dem, was in der Vergangenheit tatsächlich passiert ist.

In solchen Fällen steht im Lateinischen ebenso wie im Deutschen der Konjunktiv Plusquamperfekt.

Semantische Funktion: Irrealis der Vergangenheit

Lektion 27 § 122

§ 122 Formen des Konjunktiv Plusquamperfekt

	ā-Konjugation (vocāre)		ē-Konjugation (terrēre)	
	Aktiv	Passiv	Aktiv	Passiv
1. Pers. Sg.	vocāv-**issem**	vocātus **essem**	terru-**issem**	territus **essem**
2. Pers. Sg.	vocāv-**issēs**	vocātus **essēs**	terru-**issēs**	territus **essēs**
3. Pers. Sg.	vocāv-**isset**	vocātus **esset**	terru-**isset**	territus **esset**
1. Pers. Pl.	vocāv-**issēmus**	vocātī **essēmus**	terru-**issēmus**	territī **essēmus**
2. Pers. Pl.	vocāv-**issētis**	vocātī **essētis**	terru-**issētis**	territī **essētis**
3. Pers. Pl.	vocāv-**issent**	vocātī **essent**	terru-**issent**	territī **essent**
	ī-Konjugation (audīre)		**konsonantische Konjugation (mittere)**	
	Aktiv	Passiv	Aktiv	Passiv
1. Pers. Sg.	audīv-**issem**	audītus **essem**	mīs-**issem**	missus **essem**
2. Pers. Sg.	audīv-**issēs**	audītus **essēs**	mīs-**issēs**	missus **essēs**
3. Pers. Sg.	audīv-**isset**	audītus **esset**	mīs-**isset**	missus **esset**
1. Pers. Pl.	audīv-**issēmus**	audītī **essēmus**	mīs-**issēmus**	missī **essēmus**
2. Pers. Pl.	audīv-**issētis**	audītī **essētis**	mīs-**issētis**	missī **essētis**
3. Pers. Pl.	audīv-**issent**	audītī **essent**	mīs-**issent**	missī **essent**
	konsonantische Konjugation mit i-Erweiterung (capere)			
	Aktiv	Passiv		
1. Pers. Sg.	cēp-**issem**	captus **essem**		
2. Pers. Sg.	cēp-**issēs**	captus **essēs**		
3. Pers. Sg.	cēp-**isset**	captus **esset**		
1. Pers. Pl.	cēp-**issēmus**	captī **essēmus**		
2. Pers. Pl.	cēp-**issētis**	captī **essētis**		
3. Pers. Pl.	cēp-**issent**	captī **essent**		

Bildeweise des Konjunktiv Plusquamperfekt Aktiv:
Perfektstamm + -issem, issēs, -isset, -issēmus, -issētis, -issent

Bildeweise des Konjunktiv Plusquamperfekt Passiv:
Partizip Perfekt Passiv + Konjunktiv Imperfekt von esse

§ 123 Die Konjunktion cum mit Konjunktiv

Cum Trōiam captam esse cōgnōvissem, fēlīx eram.	Als ich erfahren hatte, dass Troja erobert worden war, war ich glücklich.
Tū nōn redīstī, cum nōn īgnōrem tē Trōiam relīquisse.	Du bist nicht zurückgekommen, obwohl ich genau weiß, dass du Troja verlassen hast.
Cum rēgnum rēge orbātum esse vīdissent, multī vēnērunt, ut mē in mātrimōnium dūcerent.	Weil/Nachdem sie gesehen hatten, dass das Königreich ohne König war, sind viele gekommen, um mich zu heiraten.

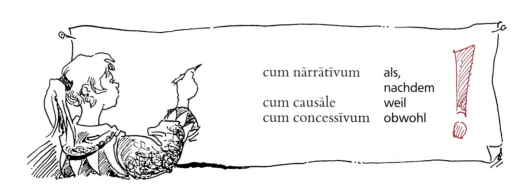

cum nārrātīvum	als, nachdem
cum causāle	weil
cum concessīvum	obwohl

§ 124 Indefinitpronomina

1. aliquī, aliqua, aliquod: irgendein, irgendeine, irgendein

Nāvem aliquam ad ōram Ithacae advēnisse nuntiātum est.	Es wurde gemeldet, dass irgendein Schiff an der Küste Ithakas angekommen sei.

Das adjektivisch verwendete Indefinitivpronomen (unbestimmtes Fürwort) aliquī, aliqua, aliquod hat außer im Nominativ Singular f. und im Nominativ und Akkusativ Plural n. dieselben Endungen wie das Relativpronomen.

Lektion 27   §§ 124–125

	Singular			Plural		
	m.	f.	n.	m.	f.	n.
Nom.	aliquī	aliqua	aliquod	aliquī	aliquae	aliqua
Gen.	alicuius	alicuius	alicuius	aliquōrum	aliquārum	aliquōrum
Dat.	alicui	alicui	alicui	aliquibus	aliquibus	aliquibus
Akk.	aliquem	aliquam	aliquod	aliquōs	aliquās	aliqua
Abl.	aliquō	aliquā	aliquō	aliquibus	aliquibus	aliquibus

2. aliquis, aliquid: irgendjemand, irgendetwas

aliquid dīcere   (irgend)etwas sagen

Das substantivisch verwendete aliquis, aliquid hat außer im Nominativ Singular und im Akkusativ Singular n. dieselben Endungen wie aliquī, aliqua, aliquod.

Etiamsī quis procōrum mihi   Auch wenn mir (irgend)einer der Freier
placeat …   gefallen sollte …

Beachte:

Nach **sī, (etiamsī), nisī, nē, num** fällt die Vorsilbe **ali-** weg.

§ 125 Coniugātiō periphrastica āctīva

factūrus, a sum   ich bin im Begriff zu tun/ich werde
                                            gleich tun

Das Partizip Futur Aktiv in Verbindung mit dem Präsens des Hilfsverbs esse bezeichnet die unmittelbar bevorstehende Zukunft. Diese Umschreibung des Futurs heißt coniugātiō periphrastica āctīva.

Īgnōrō, quid factūrī sint.   Ich weiß nicht, was sie tun werden.

In indirekten Fragesätzen steht die coniugātiō periphrastica āctīva auch anstelle des fehlenden Konjunktiv Futur.

103

§ 126   Lektion 27

§ 126 Konditionalsatz:
Realis, Irrealis und Potentialis der Gegenwart

(1)   Etiamsī quis procōrum mihi   Auch wenn mir einer der Freier gefällt
       placet, mātris est rēgnum   (und einer gefällt mir tatsächlich), ist es
       servāre filiō.   (doch) die Aufgabe einer Mutter, die
                                           Herrschaft für den Sohn zu bewahren.

(2)   Etiamsī quis procōrum mihi   Auch wenn mir einer der Freier
       placēret...   gefiele/gefallen würde (aber das ist
                                           nicht der Fall)...

(3)   Etiamsī quis procōrum mihi   Auch wenn mir einer der Freier
       placeat...   gefallen würde/sollte (und das ist ja
                                           vorstellbar)...

In Satz 1 zeigt der Indikativ Präsens, dass einer der Freier Penelope tatsächlich
gefällt.
In Satz 2 bezeichnet der Konjunktiv Imperfekt einen denkbaren Fall, der aber
nicht der Wirklichkeit entspricht (vgl. Lektion 25, § 116, 2).
In Satz 3 zeigt der Konjunktiv Präsens, dass Penelope es für möglich hält, an
einem der Freier Gefallen zu finden.

Konditionalsatz	Semantische Funktion
Indikativ Präsens	Realis der Gegenwart
Konjunktiv Imperfekt	Irrealis der Gegenwart
Konjunktiv Präsens	Potentialis der Gegenwart

104

Lektion 28 §§ 127–130

§ 127 Syntaktische Funktion des ablātīvus absolūtus

Rōmānī finibus imperiī prōlātīs lēgēs populīs aliēnīs imposuērunt.

Nachdem die Grenzen des Reichs ausgedehnt worden waren, gaben die Römer fremden Völkern ihre Gesetze.

Der Wortblock finibus imperiī prōlātīs enthält ein Substantiv im Ablativ und ein Partizip in KNG-Kongruenz. Dieser Wortblock ist – wie der aci und das participium coniūnctum – satzwertig. Bei der Übersetzung mit einem Gliedsatz füllt das Substantiv die Satzstelle Subjekt, das Partizip die Satzstelle Prädikat.

Anders als beim participium coniūnctum (= verbundenes Partizip, weil es mit einem anderen Satzglied verbunden ist) hat finibus imperiī prōlātīs kein Beziehungswort im Satz. Daher wird diese Konstruktion ablātīvus absolūtus (abl. abs.) – losgelöster Ablativ genannt.[1]

Der ablātīvus absolūtus füllt die Satzstelle adverbiale Bestimmung.

Ein ablātīvus absolūtus kann ebenso wie das participium coniūnctum erweitert werden (hier durch imperiī). Auch hier stehen die zusätzlichen Angaben zwischen Substantiv und Partizip **(Klammerstellung)**.

§ 128 Übersetzungsmöglichkeiten das ablātīvus absolūtus

Rōmānī finibus imperiī prōlātīs lēgēs populīs aliēnīs imposuērunt.

1. Konjunktionaler Gliedsatz (ist als erste Übersetzung zu empfehlen)

   Nachdem die Grenzen des Reichs ausgedehnt worden waren/Nachdem die Römer die Grenzen des Reichs ausgedehnt hatten, gaben die Römer/sie fremden Völkern ihre Gesetze.

Die passivische Konstruktion des ablātīvus absolūtus mit Partizip Perfekt Passiv wird im Deutschen oft besser aktivisch wiedergegeben.

2. Hauptsatz (ist zu empfehlen, wenn das Partizip und das Prädikat dasselbe logische Subjekt, hier »die Römer«, haben)

   Die Römer hatten die Grenzen des Reichs ausgedehnt und gaben (daraufhin) fremden Völkern ihre Gesetze.

---

1 Der ablātīvus absolūtus wird auch Ablativ mit Partizip/Ablativ mit Prädikativum (AmP) genannt.

§§ 128–129   Lektion 28

3. Präpositionaler Ausdruck (gelingt nicht immer)

Nach Ausdehnung der Reichsgrenzen gaben die Römer fremden Völkern ihre Gesetze.

§ 129 Semantische Funktionen (Sinnrichtungen) des ablātivus absolūtus

(1) Rōmānī fīnibus imperiī prōlātīs lēgēs populīs aliēnīs imposuērunt.

a) Nachdem die Grenzen des Reichs ausgedehnt worden waren, gaben die Römer fremden Völkern ihre Gesetze.

b) Die Römer hatten die Grenzen des Reichs ausgedehnt und gaben (daraufhin) fremden Völkern ihre Gesetze.

c) Nach Ausdehnung der Reichsgrenzen gaben die Römer fremden Völkern ihre Gesetze.

Der ablātivus absolūtus beantwortet die Frage: »Wann geschieht/geschah etwas?«
Semantische Funktion: temporal.

(2) Fāmā illīus diffūsā multō plūrēs convēnērunt.

a) Weil sich sein Ruf verbreitet hatte, kamen noch viel mehr Leute zusammen.

b) Sein Ruf hatte sich verbreitet; deshalb kamen noch viel mehr Leute zusammen.

*c) Wegen der Verbreitung seines Rufs kamen noch viel mehr Leute zusammen.

Der ablātivus absolūtus beantwortet die Frage: »Warum geschieht/geschah etwas?«
Semantische Funktion: kausal.

(3) Hīs verbīs impiīs audītīs tamen nōnnūllī ōrātiōnem Carneadis laudābant.

a) Obwohl man diese gottlosen Worte gehört hatte, lobten dennoch einige die Rede des Carneades.

b) Man hatte zwar diese gottlosen Worte gehört; dennoch lobten einige die Rede des Carneades.

*c) Trotz des Hörens dieser gottlosen Worte lobten dennoch einige die Rede des Carneades.

106

Lektion 28 §§ 129–130

Der ablātīvus absolūtus beantwortet die Frage: »Welchem Umstand zum Trotz geschieht/geschah etwas?«
Semantische Funktion: konzessiv.

Welche der drei semantischen Funktionen der ablātīvus absolūtus jeweils hat, d. h., in welchem gedanklichen Verhältnis er zum übergeordneten Prädikat steht, musst du bei der Übersetzung bedenken. Nicht immer hilft ein Wort wie tamen.

	temporal	kausal	konzessiv
Gliedsatz	als/nachdem	weil/da	obwohl/obgleich
Hauptsatz	und dann	und deshalb	und trotzdem/dennoch
Präpositionaler Ausdruck	nach	wegen/aufgrund von	trotz

§ 130 Partizip Perfekt Passiv im ablātīvus absolūtus: Zeitverhältnis

Senātōrēs senātū convocātō omnēs philosophōs Rōmā exīre iussērunt.

Nachdem der Senat einberufen worden war, befahlen die Senatoren allen Philosophen, Rom zu verlassen.

Senātōrēs senātū convocātō omnēs philosophōs Rōmā exīre iubent.

Nachdem der Senat einberufen worden ist, befehlen die Senatoren allen Philosophen, Rom zu verlassen.

Das Partizip Perfekt Passiv bezeichnet auch im ablātīvus absolūtus die Vorzeitigkeit (vgl. Lektion 17, § 83 und Lektion 11, § 47).

107

Lektion 29 §§ 131–137

§ 131 Das Partizip Präsens Aktiv (PPA) als Attribut

fallentēs rēs   täuschende Dinge; Dinge, die täuschen

Fallentēs ist ein Partizip Präsens Aktiv (PPA); es bestimmt hier das Substantiv rēs näher, ist also attibutiv verwendet. Es steht in KNG-Kongruenz zu seinem Beziehungswort.

Übersetzungsmöglichkeiten:

     1. Wörtlich: »täuschend«
     2. Relativsatz: »die täuschen«

Vgl. auch die Übersetzung des Partizip Perfekt Passiv als Attribut, Lektion 17, § 79.

§ 132 Das Partizip Präsens Aktiv (PPA) als participium coniūnctum (pc)

Virum nōbilem īnspiciēns   Während/Als ich mir den berühmten
intellēxī…   Mann genau ansah, bemerkte ich…

Das Partizip Präsens Aktiv īnspiciēns nimmt hier eine Zwitterstellung ein:

1. Es hat ein Beziehungswort. Hier ist es das Subjekt (1. Person Singular).
2. Es bestimmt das Prädikat näher (Wann bemerkte ich…?). Das Partizip füllt daher die Satzstelle **Prädikativum** und ist participium coniūnctum (= verbundenes Partizip; vgl. Lektion 17, § 80).

§ 133 Übersetzungsmöglichkeiten des Partizip Präsens Aktiv als participium coniūnctum

Im Gegensatz zum Partizip Perfekt Passiv ist das Partizip Präsens 1. aktivisch und drückt 2. die Gleichzeitigkeit aus. Die Übersetzungsmöglichkeiten sind grundsätzlich die gleichen wie beim Partizip Perfekt Passiv (vgl. Lektion 17, § 81):

1. Wörtlich, also mit deutschem Partizip (oft holprig):

     Den berühmten Mann genau ansehend bemerkte ich…

Lektion 29 §§ 133–134

2. Konjunktionaler Gliedsatz (ist als erste Übersetzung zu empfehlen):

Während/Als/Weil/Indem/Dadurch, dass/Wenn ich mir den berühmten Mann genau ansah, bemerkte ich...

3. Hauptsatz (ist zu empfehlen, wenn sich das Partizip auf das Subjekt des Satzes bezieht):

Den berühmten Mann sah ich mir genau an und dabei bemerkte ich...

4. Präpositionaler Ausdruck (gelingt nicht immer):

*Beim Betrachten des berühmten Mannes bemerkte ich...

§ 134 Semantische Funktionen (Sinnrichtungen) des Partizip Präsens Aktiv als participium coniūnctum

Das Partizip Präsens Aktiv kann die gleichen semantischen Funktionen haben wie das Partizip Perfekt Passiv.

(1) Abiēns mēcum cōgitābam... Während/Als ich wegging, dachte ich bei mir...

Semantische Funktion: temporal

(2) Illī opera admīrābīlia perficientēs putāvērunt... Weil jene wunderbare Werke herstellten, glaubten sie...

Semantische Funktion: kausal

(3) Dīvitiās appetis multōs perdentēs. Du strebst nach Reichtum, obwohl dieser viele zugrunde richtet.

Semantische Funktion: konzessiv

Zusätzlich ist folgende semantische Funktion möglich:

(4) Deī bona ēligentēs hominēs ad virtūtem dūcunt. Dadurch, dass/Indem die Götter das Gute auswählen, führen sie die Menschen zur Tugend.

Hier antwortet deī bona ēligentēs auf die Frage: »Auf welche Weise führen die Götter die Menschen zur Tugend?«

Semantische Funktion: modal (modus: Art und Weise)

109

§§ 135–136   Lektion 29

§ 135 Das Partizip Präsens Aktiv im ablātīvus absolūtus

Quod ei multīs audientibus dēmōnstrāvī.	Dies bewies ich ihm, während/als/ obwohl viele zuhörten.

Ein Partizip Präsens Aktiv kann ebenso wie ein Partizip Perfekt Passiv Bestandteil eines ablātīvus absolūtus sein. Die Übersetzungsmöglichkeiten und semantischen Funktionen sind die gleichen wie beim ablātīvus absolūtus mit Partizip Perfekt Passiv. Berücksichtige aber, dass das Partizip Präsens Aktiv aktivisch ist und die Gleichzeitigkeit bezeichnet.

§ 136 Bildung und Deklination des Partizip Präsens Aktiv

Das Partizip Präsens Aktiv hat im Nominativ Singular das Kennzeichen **-ns**, in allen anderen Kasus **-nt–**.
Das Partizip Präsens Aktiv wird nach der gemischten Deklination dekliniert (vgl. Lektion 21, § 103); Maskulinum und Femininum haben dieselben Formen.

ā-Konjugation (vocāre)			
	Singular		Plural
	m./f.	**n.**	**m./f.**	**n.**
Nom.	vocā**ns**	vocā**ns**	voca**ntēs**	voca**ntia**
Gen.	voca**ntis**	voca**ntis**	voca**ntium**	voca**ntium**
Dat.	voca**ntī**	voca**ntī**	voca**ntibus**	voca**ntibus**
Akk.	voca**ntem**	vocā**ns**	voca**ntēs**	voca**ntia**
Abl.	voca**nte**	voca**nte**	voca**ntibus**	voca**ntibus**

Ebenso wird das Partizip Präsens Aktiv der anderen Konjugationen dekliniert:

ē-Konjugation (terrēre): terrēns, terrentis...
ī-Konjugation (audīre): audiēns, audientis...
konsonantische Konjugation (mittere): mittēns, mittentis...
konsonantische Konjugation mit i-Erweiterung (capere): capiēns, capientis...

110

Lektion 29 § 137

§ 137 Reflexivpronomen (Zusammenfassung)

Syrus umbram post sē videt.	Syrus sieht einen Schatten hinter sich.
Victī sē dedērunt.	Die Besiegten ergaben sich.
Iste sē aliquid scīre putābat.	Dieser da glaubte, dass er etwas wisse.
Sōcratēs sapientiam sibī nōn attribuit.	Socrates schrieb sich keine Weisheit zu.
Pēnelopē sēcum cōgitat.	Penelope überlegt bei sich.

Sē und sibī sind Pronomina, die auf das Subjekt zurückverweisen; deshalb heißen sie Reflexivpronomina (rückbezügliche Fürworter).

	Singular und Plural	
Nom.	—	
Gen.	—	
Dat.	sibī	sich
Akk.	sē	sich
Abl.	sē	
	sēcum	mit sich

111

Lektion 30   §§ 138–140

§ 138 Deponentien

Prōdest interdum aquīs frīgidīs   Es ist nützlich, bisweilen kaltes Wasser
ūtī.   zu verwenden.

Manche Verben haben passive Formen, werden aber aktivisch übersetzt. Sie hei-
ßen, da sie ihre aktiven Formen gleichsam abgelegt haben, Deponentien (Singu-
lar: Dēpōnēns; dēpōnere: ablegen).

Deponentien gibt es in allen Konjugationen, z. B.:

ā-Konjugation:	vēnārī, vēnor, vēnātus sum	jagen
ē-Konjugation:	verērī, vereor, veritus sum	fürchten
kons. Konjugation:	ūtī, ūtor, ūsus sum	gebrauchen, verwenden

Beachte:

1. Die Imperative lauten:

Imperativ Singular		Imperativ Plural	
vēnā-**re**	jage!	vēnā-**minī**	jagt!
verē-**re**	fürchte!	verē-**minī**	fürchtet!
ūt-e-**re**	gebrauche!	ūt-i-**minī**	gebraucht!

2. Die Deponentien bilden ein aktives Partizip Präsens:

vēnāns, vēnantis	jagend
verēns, verentis	fürchtend
ūtēns, ūtentis	gebrauchend

3. Sie bilden ebenfalls ein aktives Partizip Futur und einen aktiven Infinitiv Futur:

vēnātūrus	einer, der jagen wird
vēnātūrum esse	
veritūrus	einer, der fürchten wird
veritūrum esse	
ūsūrus	einer, der gebrauchen wird
ūsūrum esse	

112

Lektion 30

§§ 139–140

§ 139 īdem, eadem, idem: derselbe, dieselbe, dasselbe

Das Demonstrativpronomen īdem, eadem, idem ist eine Zusammensetzung aus is, ea, id und der Partikel -dem:

	Singular			Plural		
	m.	**f.**	**n.**	**m.**	**f.**	**n.**
Nom.	īdem	eadem	idem	īdem (iīdem)	eaedem	eadem
Gen.	eiusdem	eiusdem	eiusdem	eōrundem	eārundem	eōrundem
Dat.	eidem	eidem	eidem	eīsdem (iīs-, īsdem)	eīsdem (iīs-, īsdem)	eīsdem (iīs-, īsdem)
Akk.	eundem	eandem	idem	eōsdem	eāsdem	eadem
Abl.	eōdem	eādem	eōdem	eīsdem	eīsdem	eīsdem

§ 140 ipse, ipsa, ipsum: selbst

cōnsul ipse

der Konsul selbst
der Konsul persönlich
gerade der Konsul

	Singular			Plural		
	m.	**f.**	**n.**	**m.**	**f.**	**n.**
Nom.	ipse	ipsa	ipsum	ipsī	ipsae	ipsa
Gen.	ipsīus	ipsīus	ipsīus	ipsōrum	ipsārum	ipsōrum
Dat.	ipsī	ipsī	ipsī	ipsīs	ipsīs	ipsīs
Akk.	ipsum	ipsam	ipsum	ipsōs	ipsās	ipsa
Abl.	ipsō	ipsā	ipsō	ipsīs	ipsīs	ipsīs

113

Lektion 31 §§ 141–145

§ 141 Syntaktische Funktion des Adverbs

Iter celeriter cōnficitur.	Der Weg wird schnell beendet.
Titus diū in flūmine natat.	Titus schwimmt lange im Fluss.

In unseren Beispielen erläutern die Wörter celeriter und diū als Adverbien das Prädikat. Sie füllen die Satzstelle adverbiale Bestimmung.

§ 142 Bildung des Adverbs aus dem Adjektiv

Adjektive der ā- und o-Deklination bilden das Adverb auf **-ē**:

	timidus, a, um	→	timid**ē**	furchtsam
	miser, a, um	→	miser**ē**	(auf) elend(e Art und Weise)
aber:	bonus, a, um	→	**bene**	gut

Adjektive der i-Deklination bilden das Adverb auf -iter/-er:

	celer, celeris, celere	→	celer**iter**	schnell
	fortis, e	→	fort**iter**	tapfer
	vehemēns	→	vehement**er**	heftig
	(Gen.: vehementis)			
aber:	facilis, e	→	**facile**	leicht

Während ein Adjektiv in KNG-Kongruenz zu seinem Beziehungswort steht, ist das Adverb unveränderlich.

§ 143 Semideponentien (Halbdeponentien)

Einige lateinische Verben haben in Präsens, Imperfekt und Futur 1 aktive Formen mit aktiver Bedeutung. In Perfekt und Plusquamperfekt haben sie jedoch wie die Deponentien passive Formen mit aktiver Bedeutung.

audēre	audeō	ausus sum	wagen
gaudēre	gaudeō	gāvīsus sum	sich freuen
solēre	soleō	solitus sum	gewohnt sein, pflegen (etwas zu tun)

114

Lektion 31 §144

§144 fierī: werden, geschehen, gemacht werden

fierī, fīō, factus sum

Das Verb facere bildet in Präsens, Imperfekt und Futur 1 keine eigenen Passivformen. Diese werden ersetzt durch Formen von fierī; fierī wird aber aktivisch konjugiert.

Indikativ			
Präsens	1. Pers. Sg.	fīō	ich werde,
	2. Pers. Sg.	fīs	ich werde gemacht
	3. Pers. Sg.	fit	
	1. Pers. Pl.	fīmus	
	2. Pers. Pl.	fītis	
	3. Pers. Pl.	fīunt	
Imperfekt	1. Pers. Sg.	fīēbam	ich wurde,
	2. Pers. Sg.	fīēbās	ich wurde gemacht
Futur 1	1. Pers. Sg.	fīam	ich werde werden,
	2. Pers. Sg.	fīēs	ich werde gemacht werden
Perfekt	1. Pers. Sg.	factus sum	ich bin geworden, ich bin gemacht worden
Plusquamperfekt	1. Pers. Sg.	factus eram	ich war geworden, ich war gemacht worden

Konjunktiv			
Präsens	1. Pers. Sg.	fīam	
	2. Pers. Sg.	fīās	
	3. Pers. Sg.	fīat	
	1. Pers. Pl.	fīāmus	
	2. Pers. Pl.	fīātis	
	3. Pers. Pl.	fīant	
Imperfekt	1. Pers. Sg.	fierem	
	2. Pers. Sg.	fierēs	
Perfekt	1. Pers. Sg.	factus erim	
Plusquamperfekt	1. Pers. Sg.	factus essem	

115

§ 144–145   Lektion 31

Infinitive		
Präsens	fierī	werden, geschehen, gemacht werden
Perfekt	factum, am, um esse	geworden sein, geschehen sein, gemacht worden sein

§ 145   nēmō: niemand / nūllus, a, um: kein

Nēmō ante mortem beātus dīcātur.

Niemand soll vor seinem Tod glücklich genannt werden.

Nūlla poena sine lēge.

Keine Strafe ohne Gesetz.

Nēmō, »niemand«, wird substantivisch, nūllus, »kein«, adjektivisch verwendet.

		Singular		
		m.	f.	n.
Nom.	nēmō	nūllus	nūlla	nūllum
Gen.	nūllīus	nūllīus	nūllīus	nūllīus
Dat.	nēmini	nūllī	nūllī	nūllī
Akk.	nēminem	nūllum	nūllam	nūllum
Abl.	ā nūllō	nūllō	nūllā	nūllō

Im Genitiv und Ablativ übernimmt nēmō die Formen von nūllus. Der Plural von nūllus wird nach der ā- und o-Deklination dekliniert.

116

Lektion 32 §§ 146–151

§ 146 Steigerung/Komparation[1] des Adjektivs: Formen

Suāve est nihil agere,	Es ist angenehm, nichts zu tun,
suāvius est vēnārī,	es ist angenehmer, auf die Jagd zu gehen,
suāvissimum est in convīviīs esse.	am angenehmsten ist es, an Gastmahlen teilzunehmen.

Die meisten Adjektive haben drei Steigerungsstufen:

1. **Positiv** (Grundstufe):   suāvis, e   angenehm
2. **Komparativ** (1. Steigerungsstufe):   suāvior, ius   angenehmer
3. **Superlativ** (2. Steigerungsstufe):   suāvissimus, a, um   der Angenehmste/ am angenehmsten

Im Lateinischen erkennst du den Komparativ regelmäßiger Adjektive an den Suffixen[2] -ior (Nominativ Singular m. und f.) bzw. -ius (Nominativ Singular n.); sie werden an den Wortstamm angehängt:

doctus, a, um	→	doct-**ior, -ius**	gelehrter
fēlīx, fēlīcis	→	fēlīc-**ior, -ius**	glücklicher
suāvis, e	→	suāv-**ior, -ius**	angenehmer
ācer, ācris, ācre	→	ācr-**ior, -ius**	schärfer, heftiger

Der Komparativ wird nach der konsonantischen Deklination flektiert[3] (vgl. Lektion 9, § 38).

	Singular m.	f.	n.	Plural m.	f.	n.
Nom.	doct-ior	doct-ior	doct-ius	doct-iōrēs	doct-iōrēs	doct-iōra
Gen.	doct-iōris	doct-iōris	doct-iōris	doct-iōrum	doct-iōrum	doct-iōrum
Dat.	doct-iōrī	doct-iōrī	doct-iōrī	doct-iōribus	doct-iōribus	doct-iōribus
Akk.	doct-iōrem	doct-iōrem	doct-ius	doct-iōrēs	doct-iōrēs	doct-iōra
Abl.	doct-iōre	doct-iōre	doct-iōre	doct-iōribus	doct-iōribus	doct-iōribus

---

1 Von comparāre: vergleichen.   2 Suffix: Nachsilbe.   3 flektieren: beugen.

117

Den Superlativ der Adjektive erkennst du an der Endung -issimus, a, um, die ebenfalls an den Wortstamm angehängt wird:

doctus, a, um	→ doct-**issimus, a, um**	der Gelehrteste
suāvis, e	→ suāv-**issimus, a, um**	der Angenehmste
fēlīx, fēlīcis	→ fēlīc-**issimus, a, um**	der Glücklichste

Der Superlativ wird nach der ā- und o-Deklination flektiert.

Beachte:

1. Adjektive auf -er bilden den Superlativ auf -rimus:

miser, a, um	→ miser-**rimus**, a, um	der Elendste
ācer, ācris, ācre	→ ācer-**rimus**, a, um	der Schärfste, der Heftigste

2. Facilis und diffcilis bilden den Superlativ auf -limus:

facilis, e	→ facil-**limus**, a, um	der Leichteste
difficilis, e	→ difficil-**limus**, a, um	der Schwierigste

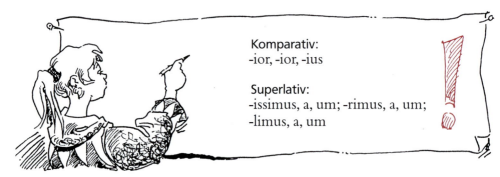

Komparativ:
-ior, -ior, -ius

Superlativ:
-issimus, a, um; -rimus, a, um; -limus, a, um

§ 147 Unregelmäßige Komparation

Einige Adjektive haben unregelmäßige Steigerungsformen:

Positiv		Komparativ		Superlativ	
māgnus	groß	māior, ius	größer	maximus	der Größte
parvus	klein	minor, minus	kleiner	minimus	der Kleinste
bonus	gut	melior, melius	besser	optimus	der Beste
malus	schlecht	pēior, pēius	schlechter	pessimus	der Schlechteste
multī	viele	plūrēs, plūra	mehr	plūrimī	die meisten

Lektion 32 §148

§148 Verwendung und Übersetzungsmöglichkeiten der Steigerungsstufen

1. Komparativ

Magdalia doctior est quam Antrōnius.

Magdalia ist gelehrter als Antronius.

Sapientia melior est quam īnscientia.

Weisheit ist besser als Unwissenheit.

Der Komparativ dient dazu, zwei Personen oder Dinge miteinander zu vergleichen. Das Verglichene wird hier mit quam, »als«, angeschlossen.

2. Superlativ

Helena pulcherrima omnium mulierum erat.

Helena war die schönste aller Frauen.

Suāvissimum est in convīviīs esse.

Am angenehmsten ist es, an Gastmahlen teilzunehmen.

Der Superlativ dient dazu, mehrere Personen oder Dinge miteinander zu vergleichen.

3. Elativ

Ista vīta mihī miserrima esse vidētur.

Dieses Leben scheint mir sehr/ überaus/besonders elend zu sein.

Manchmal wird durch den Superlativ nicht die Höchststufe, sondern nur die sehr hohe Stufe einer Eigenschaft bezeichnet. In diesem Fall heißt er Elativ.

4. quam + Superlativ: möglichst + Positiv

Antrōniō placet vīnum quam plūrimum bibere.

Antronius gefällt es, möglichst viel Wein zu trinken.

Magdalia quam doctissima esse cupit.

Magdalia möchte möglichst gelehrt sein.

119

§ 149 Komparation des Adverbs

Sin istīs rēbus Deus addiderit sapientiam, nōnne vīvēs suāvius? –	Wenn aber Gott diesen Dingen Weisheit hinzufügt, wirst du dann nicht (noch) angenehmer leben? –
Minimē!	Keineswegs!

Auch Adverbien können gesteigert werden:

ērudītē – ērudīt-**ius** – ērudīt-**issimē**	gebildet – gebildeter – am gebildetsten/ auf sehr gebildete Weise
suāviter – suāv-**ius** – suāv-**issimē**	angenehm – angenehmer – am angenehmsten/auf höchst angenehme Weise
bene – mel-**ius** – optim-**ē**	gut – besser – am besten/sehr gut

Der Komparativ des Adverbs hat dieselbe Endung wie der Komparativ des Adjektivs im Nominativ Singular n.
Der Superlativ des Adverbs hat dieselbe Endung wie das Adverb der Adjektive der ā- und o-Deklination.

Adverb im Komparativ: **-ius**;
im Superlativ/Elativ: **-ē**

Lektion 32 §§ 150–151

§ 150 Ablātīvus comparātiōnis

Magdalia doctior est Antrōniō (= quam Antrōnius). Magdalia ist gelehrter als Antronius.

Sapientiam meliōrem esse īnscientiā (= quam īnscientiam) putō. Ich glaube, dass Weisheit besser ist als Unwissenheit.

Innerhalb eines Vergleichs kann anstelle von quam + Nominativ/Akkusativ auch ein bloßer Ablativ stehen. Dieser Ablativ heißt ablātīvus comparātiōnis (Ablativ des Vergleichs). Er füllt die Satzstelle adverbiale Bestimmung.

§ 151 Ablātīvus mēnsūrae

Magdalia multō doctior est quam Antrōnius. Magdalia ist um vieles = viel gelehrter als Antronius.

paucīs diēbus post wenige Tage später

Die Ablative multō und paucīs diēbus antworten auf die Frage »(Um) wie viel?«; dieser Ablativ steht bei Komparativen und komparativischen Begriffen (z. B. auch bei mālle – lieber wollen) und gibt an, wie groß der Unterschied zwischen zwei verglichenen Größen ist. Er heißt ablātīvus mēnsūrae (Ablativ des Maßes).

Lektion 33 §§ 152–155

§ 152 Syntaktische und semantische Funktionen des Gerundiums

(1)	Legere mē dēlectat.	(Das) Lesen macht mir Spaß.
(2)	Etiamne tū legere amās?	Magst du auch gerne lesen? Liebst du auch die Lektüre?

In Satz 1 füllt der Infinitiv wie ein Nominativ die Satzstelle Subjekt, in Satz 2 wie ein Akkusativ die Satzstelle Objekt. Er ist hier also wie ein Substantiv verwendet, d.h., er ist substantiviert.

(3)	Nōn est causa timendī.	*Es gibt keinen Grund des Fürchtens = Es gibt keinen Grund, Angst zu haben.

In Satz 3 steht timendī wie ein Substantiv im Genitiv und füllt die Satzstelle Attribut.

Die deklinierte Form des Infinitivs heißt Gerundium. Da es von einem Verb abgeleitet ist, wird es auch als Verbalsubstantiv bezeichnet. Das Gerundium kann auch die Satzstelle adverbiale Bestimmung füllen:

(4)	dēlendī causā	wegen des Zerstörens/um zu zerstören
	Semantische Funktion: final	
(5)	ad pūgnandum	zum Kämpfen/um zu kämpfen
	Semantische Funktion: final	
(6)	in scrībendō	beim Schreiben/während des Schreibens
	Semantische Funktion: temporal	
(7)	nārrandō	durch das Erzählen
	Semantische Funktion: modal	

122

Lektion 33 § 152

Das Gerundium kann durch eine adverbiale Bestimmung oder/und ein Objekt ergänzt sein:

(8) Agrippīna benīgnē loquendō animōs mīlitum cōnfirmat.
*Durch das freundlich Sprechen = Durch freundliches Sprechen stärkt Agrippina den Mut der Soldaten./Dadurch, dass/Indem sie freundlich spricht,...

(9) Historiam nārrandō magister discipulōs dēlectāvit.
*Durch das Eine-Geschichte-Erzählen = Durch das Erzählen einer Geschichte machte der Lehrer den Schülern eine Freude./Dadurch, dass/Indem er eine Geschichte erzählte,...

Beachte:
Wenn du das Gerundium im Ablativ mit einem Modalsatz übersetzt, musst du die Person und das Tempus aus dem Subjekt und dem Prädikat des Satzes erschließen, in dem das Gerundium steht (Zeitverhältnis: gleichzeitig).

Nach einigen Adjektiven steht der Genitiv des Gerundiums:

(10) vir pūgnandī perītus — ein im Kämpfen erfahrener Mann/ ein kampferprobter Mann

§ 153 Bildeweise des Gerundiums

Das Gerundium wird aus dem Präsensstamm (bzw. Präsensstamm + Bindevokal), dem Kennzeichen **-nd-** und den Endungen des Singulars der o-Deklination gebildet:

	ā-Konjugation (vocāre)		ē-Konjugation (terrēre)	
Gen.	voca-**nd**-ī	des Rufens	terre-**nd**-ī	des Erschreckens
Dat.[1]	voca-**nd**-ō	dem Rufen	terre-**nd**-ō	dem Erschrecken
Akk.[2]	ad voca-**nd**-um	zum Rufen	ad terre-**nd**-um	zum Erschrecken
Abl.	voca-**nd**-ō	durch (das) Rufen	terre-**nd**-ō	durch (das) Erschrecken

	i-Konjugation (audīre)	kons. Konjugation (mittere)	kons. Konjugation mit i-Erweiterung (capere)
Gen.	audi-e-**nd**-ī usw.	mitt-e-**nd**-ī usw.	cap-i-e-**nd**-ī usw.

Das Gerundium unregelmäßiger Verben:

    īre → eundī usw.
    ferre → ferendī usw.

Auch bei den Deponentien gibt es eine regelmäßige Bildeweise des Gerundiums; diese Gerundia haben aktive Bedeutung:

    vēnārī → vēnandī des Jagens
    verērī → verendī des Fürchtens
    loquī → loquendī des Sprechens

Bildeweise des Gerundiums:
Präsensstamm (+ Bindevokal) + -nd- + Singularendungen der o-Deklination

---

[1] Der Dativ kommt nur sehr selten vor.
[2] Der Akkusativ des Gerundiums steht nur nach einer Präposition.

Lektion 33   §§ 154–155

§ 154 Nominaler ablātīvus absolūtus

Germānicō duce   unter Führung des Germanicus

Cicerōne cōnsule   während Ciceros Konsulat

Statt eines Partizip Präsens kann in wenigen Verbindungen auch ein Substantiv stehen.

§ 155 Personifikation

Lēx iubet mortuōs condī.   Das Gesetz befiehlt, dass die Toten bestattet werden.

Sofort geht Fama durch die großen Städte Libyens,
Fama, ein Übel, das schneller ist als irgendein anderes:
Sie ist durch Beweglichkeit stark und nimmt beim Gehen zu,
zuerst aus Furcht noch klein, erhebt sie sich bald in die Lüfte.

In den beiden Beispielen treten die abstrakten Begriffe lēx und fāma wie handelnde Personen auf, d.h., ihnen werden menschliche Eigenschaften zugeschrieben. Dies Stilmittel heißt Personifikation.

125

Lektion 34 §§ 156–161

§ 156 velle: wollen; nōlle: nicht wollen; mālle: lieber wollen

		velle	nōlle (aus: nōn velle)	mālle (aus: magis velle)
		volō	nōlō	mālō
		voluī	nōluī	māluī

Indikativ				
Präsens	1. Pers. Sg.	volō	nōlō	mālō
	2. Pers. Sg.	vīs	nōn vīs	māvīs
	3. Pers. Sg.	vult	nōn vult	māvult
	1. Pers. Pl.	volumus	nōlumus	mālumus
	2. Pers. Pl.	vultis	nōn vultis	māvultis
	3. Pers. Pl.	volunt	nōlunt	mālunt
Imperfekt	1. Pers. Sg.	volēbam	nōlēbam	mālēbam
	2. Pers. Sg.	volēbās	nōlēbās	mālēbās
		…	…	…
Perfekt	1. Pers. Sg.	voluī	nōluī	māluī
	2. Pers. Sg.	voluistī	nōluistī	māluistī
		…	…	…
Plusquam-perfekt	1. Pers. Sg.	volueram	nōlueram	mālueram
	2. Pers. Sg.	voluerās	nōluerās	māluerās
		…	…	…
Futur	1. Pers. Sg.	volam	nōlam	mālam
	2. Pers. Sg.	volēs	nōlēs	mālēs
		…	…	…
Konjunktiv				
Präsens	1. Pers. Sg.	velim	nōlim	mālim
	2. Pers. Sg.	velīs	nōlīs	mālīs
	3. Pers. Sg.	velit	nōlit	mālit
	1. Pers. Pl.	velīmus	nōlīmus	mālīmus
	2. Pers. Pl.	velītis	nōlītis	mālītis
	3. Pers. Pl.	velint	nōlint	mālint
Imperfekt	1. Pers. Sg.	vellem	nōllem	māllem
	2. Pers. Sg.	vellēs	nōllēs	māllēs
		…	…	…
Infinitiv				
Präsens		velle	nōlle	mālle
Perfekt		voluisse	nōluisse	māluisse
Imperativ			nōlī	
			nōlīte	
Partizip		volēns	nōlēns	

126

Lektion 34   §§ 157–159

§ 157 Verneinter Befehl

Nōlī poētam amīcum condemnāre!	Verurteile nicht den Dichter, deinen Freund!
Nōlīte timēre!	Fürchtet euch nicht!

Durch nōlī/nōlīte mit Infinitiv Präsens wird ein verneinter Befehl ausgedrückt.

§ 158 Das Pronomen als Subjekt

Ea quidem iniūria est.	Das ist doch Unrecht.

Ist das Subjekt ein Pronomen, so stimmt es in Kasus, Numerus und Genus mit dem Prädikatsnomen überein. Übersetzt wird es mit dem Neutrum.

§ 159 Konjunktiv im Hauptsatz: Wunschsätze

1. Erfüllbarer Wunsch

Audiātur et altera pars!	Möge auch die andere Seite gehört werden!
Utinam īgnōscās mē Mosellam meam nōndum tibī mīsisse!	Hoffentlich verzeihst du mir, dass ich dir meine »Mosella« noch nicht geschickt habe.

Der lateinische Konjunktiv Präsens bezeichnet einen Wunsch, der als erfüllbar dargestellt wird.

2. Unerfüllbarer Wunsch der Gegenwart

Utinam poēta mihi Mosellam suam mitteret!	Wenn der Dichter mir doch seine »Mosella« schickte/schicken würde! (Leider tut er es nicht.)

Der lateinische Konjunktiv bezeichnet einen Wunsch, der als unerfüllbar dargestellt wird.

127

§§ 159–161   Lektion 34

3. Unerfüllbarer Wunsch der Vergangenheit

Utinam mihi Mosellam tuam mīsissēs!	Wenn du mir doch deine »Mosella« geschickt hättest! (Aber du hast es ja nicht getan.)

Der lateinische Konjunktiv Plusquamperfekt bezeichnet einen Wunsch, der unerfüllt geblieben ist.

Diese Wunschsätze werden häufig durch utinam eingeleitet.

§ 160 Adjektive der konsonantischen Deklination

vetus, veteris	alt
dīves, dīvitis	reich
pauper, pauperis	arm

Diese Adjektive gehören zur konsonantischen Deklination. Sie haben

im Ablativ Singular	die Endung **-e**:	vetere, dīvite, paupere
im Genitiv Plural	die Endung **-um**:	veterum, dīvitum, pauperum
im Nominativ und Akkusativ Plural n.	die Endung **-a**:	vetera, dīvita, paupera

§ 161 Metrik

Ein Vers ist die rhythmische Abfolge langer (–) und kurzer (˘) Silben. Eine sich wiederholende Einheit aus Längen und Kürzen heißt Metrum.

1. Wann ist eine Silbe lang?

a) Wenn sie einen langen Vokal: ā, ē, ī, ō, ū oder einen Diphthong (= Doppelvokal): ae, au, ai, eu, oe, oi enthält. Man spricht dann von Naturlänge.

b) Wenn auf einen kurzen Vokal zwei Konsonanten folgen: amnis; obwohl der Vokal a kurz ist, zählt die Silbe als lang, weil zwei Konsonanten (mn) folgen. Man spricht dann von Positionslänge.

Zur Positionslänge kommt es im Allgemeinen nicht bei der Aufeinanderfolge von Muta[1] (b, p, d, t, g oder c) und Liquida[2] (l, m, n oder r).
X (= ks) und z (= ds) gelten meist als Doppelkonsonanten.

---

1 Muta: stummer Verschlusslaut.   2 Liquida: »Fließlaut«.

128

Lektion 34 §161

2. Elision

a) Wenn ein Vokal am Wortende mit einem Vokal am Anfang des nächsten Wortes zusammentrifft, wird der auslautende Vokal ausgestoßen (Elision):

  acciper~~e~~ ut

b) Auch die Endungen -am, -em, -im, -om, -um werden ausgestoßen, wenn das nächste Wort mit Vokal beginnt:

  qu~~em~~ in

3. Aphärese

Das e des zweiten Wortes wird nicht gesprochen, wenn das zweite Wort eine mit e beginnende Form von esse ist:

  condiciō ~~e~~st

4. Daktylischer Hexameter

Der daktylische Hexameter besteht aus sechs Daktylen. Ein Daktylos setzt sich aus einer (beim Lesen betonten) Länge und zwei Kürzen zusammen (−́ ◡ ◡). Die beiden Kürzen können jeweils durch eine Länge ersetzt werden (−́ −). Das vorletzte (fünfte) Metrum ist meist ein reiner Daktylos (−́ ◡ ◡). Im sechsten Metrum ist die zweite Hälfte eine Kürze oder eine Länge (−́ ◡̄):

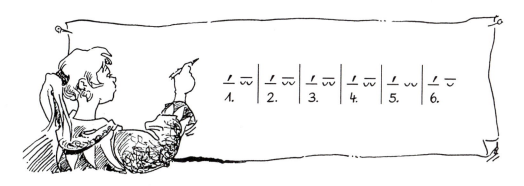

Lektion 35 §§ 162–165

§ 162 Bildeweise des Gerundivums

voca**nd**us, a, um	*ein zu Rufender/ einer, der gerufen werden muss
terre**nd**us, a, um	*ein zu Erschreckender/ einer, der erschreckt werden muss
audie**nd**us, a, um	*ein zu Hörender/ einer, der gehört werden muss
mitte**nd**us, a, um	*ein zu Schickender/ einer, der geschickt werden muss
capie**nd**us, a, um	*ein zu Fangender/ einer, der gefangen werden muss

Das Gerundivum ist ein Verbaladjektiv, d. h. ein von einem Verb abgeleitetes Adjektiv. Es ist wie das Gerundium aus dem Präsensstamm und dem Kennzeichen **-nd-** gebildet und wird nach der ā- und o-Deklination dekliniert.

§ 163 Das Gerundivum als Prädikatsnomen

Corpora humanda erant.	Die Leichen mussten bestattet werden.
Corpora humanda nōn erant.	Die Leichen durften nicht bestattet werden.

Als Prädikatsnomen gibt das Gerundivum in Verbindung mit einer Form von esse an, dass etwas getan werden muss. Wird es verneint, gibt es an, dass etwas nicht getan werden soll/darf.

Germānī pācem faciendam (esse) intellēxērunt.	Die Germanen sahen ein, dass Frieden geschlossen werden musste.

Im aci fehlt esse häufig.

Īnsidiae Germānīs relinquendae sunt.	*Der Hinterhalt muss von den Germanen verlassen werden./Die Germanen müssen ihren Hinterhalt verlassen.
Nōbīs agendum est.	*Es muss von uns gehandelt werden./Wir müssen handeln.

Lektion 35   §§ 163–164

Die Person, die etwas tun muss, steht im **datīvus auctōris** (Dativ des Urhebers). Im Deutschen ist die Übersetzung durch das Aktiv besser als durch das Passiv.

§ 164 Das Gerundivum als Attribut

1. bei Präpositionen

ad montēs occupandōs	zur Besetzung der Berge/um die Berge zu besetzen
in rē pūblicā administrandā	bei der Verwaltung des Staates/wenn man den Staat verwaltet
pācis servandae causā	um der Bewahrung des Friedens willen/damit der Frieden bewahrt wird/um den Frieden zu bewahren

In dieser Gerundivkonstruktion kann das Gerundivum durch ein Substantiv übersetzt werden; oft ist allerdings die Übersetzung mit einem Gliedsatz besser. Die semantische Funktion, die durch die lateinische Präposition bestimmt ist, muss bei der Wahl der Gliedsatzeinleitung berücksichtigt werden:

Gerundivkonstruktion	Semantische Funktion	Übersetzung mit
ad montēs occupandōs	final	damit/um zu
in rē pūblicā administrandā	temporal	während
pācis servandae causā	final	damit/um zu

2. Gerundium oder Gerundivum im Genitiv

   studium nātūram cōgnōscendī   das Bemühen, die Natur zu erkennen

Statt eines Gerundiums mit Akkusativobjekt kann auch eine Gerundivkonstruktion stehen:

   studium nātūrae cōgnōscendae   das Bemühen, die Natur zu erkennen

In beiden Fällen empfiehlt sich die Übersetzung durch Infinitiv mit »zu«.

3. im Ablativ

librīs legendīs[1]	durch das Lesen von Büchern/dadurch, dass/indem man Bücher liest

Semantische Funktion: modal

---

1 Statt librīs legendīs könnte auch librōs legendō stehen (vgl. Lektion 33, § 152).

131

§ 165 Das Gerundivum als Prädikativum

Mīlitibus terram dīripiendam permīsit.	*Er überließ den Soldaten das Land als ein zu plünderndes./Er überließ den Soldaten das Land zur Plünderung.

Das Gerundivum steht in prädikativer Verwendung bei Verben des Gebens (dare), Übergebens (trādere), Lassens (cūrāre) und Überlassens (permittere) zur Angabe des Zwecks.

Semantische Funktion: final

Lektion 36 §§ 166–167

§ 166 Futur 2

Quī negāverit sē Chrīstiānum
esse, veniam impetrābit.

Wer *bestritten haben wird =
Wer bestreitet, Christ zu sein, wird
Verzeihung erlangen.

Sī quis convictus erit, pūniētur.

Falls jemand *überführt worden sein
wird = überführt wird/überführt
(worden) ist, wird er bestraft werden.

Das Futur 2 (»vollendete Zukunft«) drückt die Vorzeitigkeit zu einem Futur 1 aus.
Das Futur 2 ist im Deutschen ungebräuchlich und wird meist mit dem Präsens
oder dem Perfekt übersetzt.

Bildeweise

Das Futur 2 Aktiv setzt sich zusammen aus dem Perfektstamm und den Endungen **-erō, -eris, -erit, -erimus, -eritis, -erint**:

1. Pers. Sg.	vocāv-**erō**	*ich werde gerufen haben
2. Pers. Sg.	vocāv-**eris**	
3. Pers. Sg.	vocāv-**erit**	
1. Pers. Pl.	vocāv-**erimus**	
2. Pers. Pl.	vocāv-**eritis**	
3. Pers. Pl.	vocāv-**erint**	

Das Futur 2 Passiv setzt sich zusammen aus dem Partizip Perfekt Passiv und dem
Futur 1 von esse:

1. Pers. Sg.	vocātus **erō**	*ich werde gerufen worden sein
2. Pers. Sg.	vocātus **eris**	
3. Pers. Sg.	vocātus **erit**	
1. Pers. Pl.	vocātī **erimus**	
2. Pers. Pl.	vocātī **eritis**	
3. Pers. Pl.	vocātī **erunt**	

Bei den Deponentien musst du auch hier an die aktivische Übersetzung denken:

venerātus erō

*ich werde verehrt haben

133

§ 167   Lektion 36

§ 167 Zeitenfolge (cōnsecūtiō temporum)

Das Lateinische achtet im Allgemeinen sehr viel genauer auf das Zeitverhältnis als das Deutsche. Ausschlaggebend für das Tempus des konjunktivischen Gliedsatzes ist das Tempus des übergeordneten Satzes.

Plīnius reōs interrogat/interrogābit, num sint Chrīstiānī – num fuerint Chrīstiānī.	Plinius fragt die Angeklagten/ wird fragen, ob sie Christen seien – ob sie Christen gewesen seien.
Mīlitēs concurrunt/concurrent, ut pontem dēleant.	Die Soldaten laufen zusammen/ werden zusammenlaufen, um die Brücke zu zerstören.
Plīnius reōs interrogāvit/interrogābat/interrogāverat, num essent Chrīstiānī – num fuissent Chrīstiānī.	Plinius hat die Angeklagten gefragt/ fragte/hatte gefragt, ob sie Christen seien – ob sie Christen gewesen seien.
Mīlitēs concurrērunt/ concurrēbant/concurrerant, ut pontem dēlērent.	Die Soldaten sind zusammengelaufen/ liefen zusammen/waren zusammengelaufen, um die Brücke zu zerstören.

Übergeordneter Satz	Gliedsatz im Konjunktiv		
	gleichzeitig	vorzeitig	nachzeitig
Präsens, Futur 1	Präsens	Perfekt	Präsens[1]
Perfekt, Imperfekt, Plusquamperfekt	Imperfekt	Plusquamperfekt	Imperfekt[2]

Steht im übergeordneten Satz ein Haupttempus (Präsens oder Futur 1), so steht im konjunktivischen Gliedsatz zur Bezeichnung der Gleichzeitigkeit Konjunktiv Präsens, zur Bezeichnung der Vorzeitigkeit Konjunktiv Perfekt und zur Bezeichnung der Nachzeitigkeit Konjunktiv Präsens.
Steht im übergeordneten Satz ein Nebentempus (Perfekt, Imperfekt oder Plusquamperfekt), so steht im konjunktivischen Gliedsatz zur Bezeichnung der Gleichzeitigkeit Konjunktiv Imperfekt, zur Bezeichnung der Vorzeitigkeit Konjunktiv Plusquamperfekt und zur Bezeichnung der Nachzeitigkeit Konjunktiv Imperfekt.

---

1 Die Umschreibung des Futurs mit Hilfe des Konjunktiv Präsens der coniugātiō periphrastica āctīva (z. B. vocātūrus sim) findet sich fast nur in indirekten Fragesätzen.

2 Die Umschreibung des Futurs mit Hilfe des Konjunktiv Imperfekt der coniugātiō periphrastica āctīva (z. B. vocātūrus essem) findet sich fast nur in indirekten Fragesätzen.

Lektion 37 §§ 168–171

§ 168 Ōrātiō oblīqua

Sāturnīnus prōcōnsul nūntiat: »Nōnnūllī, quī Chrīstiānō rītū vīvunt, captī sunt.«	Der Prokonsul Saturninus meldet: »Einige, die nach christlichem Brauch leben, sind gefangen genommen worden.«
Sāturnīnus prōcōnsul nūntiat/nūntiābit nōnnūllōs, quī Chrīstiānō rītū vīvant, captōs esse.	Der Prokonsul Saturninus meldet/wird melden, dass einige, die nach christlichem Brauch leben/lebten, gefangen genommen worden sind/seien./... einige, die nach christlichem Brauch lebten, seien gefangen genommen worden.
Sāturnīnus prōcōnsul nūntiāvit/nūntiābat/nūntiāverat nōnnūllōs, quī Chrīstiānō rītū vīverent, captōs esse.	Der Prokonsul Saturninus hat gemeldet/meldete/hatte gemeldet, dass einige, die nach christlichem Brauch lebten, gefangen genommen worden waren/seien./... einige, die nach christlichem Brauch lebten, seien gefangen genommen worden.

In der indirekten Rede (ōrātiō oblīqua) treten die lateinischen Hauptsätze in den aci, die Gliedsätze in den Konjunktiv.

Für die lateinischen konjunktivischen Gliedsätze gelten die Regeln der Zeitenfolge (cōnsecūtiō temporum; vgl. Lektion 36, § 167).

oratio obliqua

Hauptsätze: aci
Gliedsätze: Konjunktiv

§ 169 Die indirekte Rede im Deutschen

Im Deutschen steht die indirekte Rede im Konjunktiv, und zwar

    im Konjunktiv Präsens, wenn die entsprechende Form nicht mit der Form des Indikativs zusammenfällt:

Saturninus sagt, Speratus lebe nach christlichem Brauch.

    im Konjunktiv Imperfekt, wenn die entsprechende Form des Konjunktiv Präsens mit der Form des Indikativ Präsens zusammenfällt:

Saturninus sagt, einige lebten nach christlichem Brauch (und nicht: einige leben nach christlichem Brauch).

§ 170 Pronominaladjektive (Zusammenfassung)

Unter dieser Gruppe werden zusammengefasst:

    ūnus   ein(er)
    sōlus   allein
    tōtus   ganz
    ūllus   irgendein
    alter   der eine (von beiden), der andere
    nūllus   kein(er)
    alius   ein anderer

Diese Adjektive werden nach der ā- und o-Deklination dekliniert; da sie wie einige Pronomina (z. B. iste; ipse) den Genitiv Singular auf **-īus** und den Dativ Singular auf **-ī** bilden, heißen sie Pronominaladjektive. Der Genitiv von **alius** lautet **alterīus**.

Diese Wörter haben alle -īus in dem zweiten Falle, und im Dativ enden sie stets mit einem langen -ī.

Lektion 37 §§ 171

§ 171 Pronominaladverbien (Zusammenfassung)

(1)	Ubī habitās?	Wo wohnst du?
(2)	Ubī bene, ibi patria.	Wo es gut ist, dort ist mein Heimat.
(3)	Ubīque patria mea est.	Meine Heimat ist überall.

Ubī?, ubī, ibi, ubīque sind Pronomina, die die Satzstelle adverbiale Bestimmung füllen. Man nennt sie deshalb Pronominaladverbien. Semantische Funktion: lokal.

In Satz 1 ist ubī Interrogativpronomen, in Satz 2 Relativpronomen, das das Demonstrativpronomen ibi näher bestimmt; ubīque in Satz 3 ist Indefinitpronomen (unbestimmtes Fürwort; denn der Ort ist nicht genau bestimmt).

Ferner gibt es Pronominaladverbien der Zeit (z. B. quandō?: wann?) und der Art und Weise (z. B. ita: so).

137

Lektion 38 §§ 172–175

§ 172 Modi im Relativsatz

1. Indikativ

Karolus, quī post mortem frātris rēx creātus erat, corpore fuit rōbustō.	Karl, der nach dem Tod seines Bruders zum König gewählt worden war, hatte einen kräftigen Körper.

Relativsätze, die eine objektive Feststellung wiedergeben, stehen im Indikativ.

2. Konjunktiv

Steht ein Relativsatz im Konjunktiv, enthält er eine zusätzliche Information, einen so genannten (adverbialen) **Nebensinn.** Bei der Übersetzung musst du überlegen, in welchem Sinnverhältnis der Relativsatz zum übergeordneten Satz steht.

Semantische Funktionen

a) kausal

In pōtū temperantior erat rēx, qui ab ēbrietāte valdē abhorrēret.	Im Trinken war der König maßvoller, weil er die Trunkenheit sehr verabscheute.

b) final

Alcoīnum praeceptōrem habuit, apud quem rhētoricam et dialecticam disceret.	Als Lehrer hatte er Alkuin, um bei ihm die Rhetorik und die Dialektik zu lernen.

c) konzessiv

Fīliās, quae pulcherrimae essent, nēminī nūptum dare voluit.	Seine Töchter wollte er, obwohl sie sehr schön waren, niemandem zur Frau geben.

In den Beispielen a–c wird der konjunktivische Relativsatz durch einen adverbialen Gliedsatz übersetzt.

138

Lektion 38   §§ 172–175

d) konsekutiv

Statūrā fuit ēminentī, quae   Er hatte eine hohe Gestalt, die aber
tamen iūstam nōn excēderet.   (so beschaffen war, dass sie) das rechte
                                     Maß nicht überstieg.

Quis est, quī hoc crēdat?   Wen gibt es, der dies glaubt?

Sunt, quī dīcant ...   Es gibt Leute, die sagen ...

Der konsekutive Nebensinn wird im Deutschen meist nicht wiedergegeben. Du
kannst ihn dir erklären, indem du »so beschaffen, dass« einfügst.

§ 173   Ablātīvus quālitātis

Karolus corpore fuit rōbustō.   Karl war von kräftigem Körper(bau)./
                                 Karl hatte einen kräftigen Körper.

Dieser Ablativ gibt die Eigenschaft oder Beschaffenheit an und füllt hier zusam-
men mit fuit die Satzstelle Prädikat. Er heißt ablātīvus quālitātis (quālitās: Beschaf-
fenheit).

§ 174   Präsentisches Perfekt

Antigonē dīxit: »Nūllam nōvī   Antigone sagte: »Ich kenne kein
fortūnam malam, quam fātum   Unglück, das das Schicksal uns nicht
nōbīs nōn dedit.«   gegeben hat.«

Karolus medicōs paene ōdit/   Karl hasst/hasste die Ärzte beinahe.
ōderat.

Die Perfektformen nōvī und ōdī haben präsentische Bedeutung, weil die in der
Vergangenheit begonnene Handlung bis in die Gegenwart wirkt:

	nōvī	ich habe kennen gelernt → ich kenne
	ōdī	ich habe Hass entwickelt → ich hasse
Entsprechend:	nōveram	ich hatte kennen gelernt → ich kannte
	ōderam	ich hatte Hass entwickelt → ich hasste

§ 175   Verba dēfectīva

Bei ōdisse gibt es nur die Formen, die sich vom Perfektstamm ableiten lassen. Ver-
ben, die wie ōdisse nur einen Teil der möglichen Formen bilden, heißen verba
dēfectīva (dēfectiō: Verlust). Vgl. auch coepisse und inquit.

139

Lektion 39 §§ 176–179

§ 176 Indefinitpronomina (Zusammenfassung)

Am häufigsten kommen folgende Indefinitpronomen vor:

	substantivisch	**adjektivisch**
1.	aliquis, aliquid (irgend)einer, (irgend)etwas; jemand, etwas vgl. Lektion 27, § 124, 2	aliquī, aliqua, aliquod (irgend)ein, (irgend)eine, (irgend)ein vgl. Lektion 27, § 124, 1

2.	quisquam, quicquam
	   cuiusquam
	   cuiquam usw.
	
	jemand, etwas
		ūllus, a, um
		
		(irgend)ein, (irgend)eine, (irgend)ein
		vgl. Lektion 37, § 170

Aliquis und aliquī stehen nur in Sätzen mit bejahendem Sinn, quisquam und ūllus nur in verneinten oder verneint gedachten Sätzen.

3.	quīdam, quaedam, quiddam ein gewisser vgl. Lektion 18, § 88	quīdam, quaedam, quoddam ein gewisser vgl. Lektion 18, § 88

4.	quisque, quidque
	   cuiusque
	   cuique
	quemque, quidque
	   quōque
	
	jeder (Einzelne)
		quisque, quaeque, quodque
		   cuiusque
		   cuique
		quemque, quamque, quodque
		quōque, quāque, quōque
		
		jeder

Beachte: optimus quisque: gerade die Besten

5.	uterque, utraque, utrumque
	   utrīusque
	   utrīque
	utrumque, utramque, utrumque
	utrōque, utrāque, utrōque
	jeder (von beiden); beide
		uterque, utraque, utrumque
		   utrīusque usw.
		
		jeder (von beiden); beide

140

Lektion 39   §§ 176–177

substantivisch		adjektivisch
nēmō	nihil	nūllus, a, um
nūllīus	nūllīus reī	
nēminī	nūllī reī	
nēminem	nihil	
ā nūllō	nūllā rē	
niemand	nichts	kein, keine, kein
vgl. Lektion 32, § 145		vgl. Lektion 32, § 145 und Lektion 37, § 170

§ 177 Zahlwörter

Ziffern	Grundzahlen	Ordnungszahlen
1 I	ūnus, ūna, ūnum	prīmus (prior)
2 II	duo, duae, duo	secundus (alter)
3 III	trēs, trēs, tria	tertius
4 IV	quattuor	quārtus
5 V	quīnque	quīntus
6 VI	sex	sextus
7 VII	septem	septimus
8 VIII	octō	octāvus
9 IX	novem	nōnus
10 X	decem	decimus
11 XI	ūndecim	ūndecimus
12 XII	duodecim	duodecimus
13 XIII	trēdecim	tertius decimus
14 XIV	quattuordecim	quārtus decimus
15 XV	quīndecim	quīntus decimus
16 XVI	sēdecim	sextus decimus
17 XVII	septendecim	septimus decimus
18 XVIII	duodēvīgintī	duodēvīcēsimus
19 XIX	ūndēvīgintī	ūndēvīcēsimus

Anmerkung zu den Zahlen 18/19, 28/29 usw.: Die Verbindungen von 8 und 9 mit einer Zehnerzahl werden durch Subtraktion vom nächsten Zehner gebildet:

duo-dē-vīgintī: 18
ūn-dē-vīgintī: 19

141

§§ 177–178   Lektion 39

Ziffern	Grundzahlen	Ordnungszahlen
20 XX	vīgintī	vīcēsimus
21 XXI	ūnus et vīgintī	ūnus et vīcēsimus
22 XXII	duo et vīgintī	alter et vīcēsimus
28 XXVIII	duodētrīgintā	duodētrīcēsimus
29 XXIX	ūndētrīgintā	ūndētrīcēsimus
30 XXX	trīgintā	trīcēsimus
40 XL	quadrāgintā	quadrāgēsimus
50 L	quīnquāgintā	quīnquāgēsimus
60 LX	sexāgintā	sexāgēsimus
70 LXX	septuāgintā	septuāgēsimus
80 LXXX	octōgintā	octōgēsimus
90 XC	nōnāgintā	nōnāgēsimus
100 C	centum	centēsimus
200 CC	ducentī	ducentēsimus
300 CCC	trecentī	trecentēsimus
400 CCCC	quadringentī	quadringentēsimus
500 D	quīngentī	quīngentēsimus
600 DC	sescentī	sescentēsimus
700 DCC	septingentī	septingentēsimus
800 DCCC	octingentī	octingentēsimus
900 DCCCC	nōngentī	nōngentēsimus
1 000 M	mīlle	mīllēsimus
2 000 MM	duo mīlia	bis mīllēsimus
10 000 X̄	decem mīlia	deciēs mīllēsimus
100 000 C̄	centum mīlia	centiēs mīllēsimus

§ 178 Deklination der Zahlwörter

1. Grundzahlen

ūnus	ūna	ūnum	duo	duae	duo	trēs	tria	mīlia
	ūnīus		duōrum	duārum	duōrum	trium		mīlium
	ūnī		duōbus	duābus	duōbus	tribus		mīlibus
ūnum	ūnam	ūnum	duo/	duās	duo	trēs	tria	mīlia
			duōs					
ūnō	ūnā	ūnō	duōbus	duābus	duōbus	tribus		mīlibus

142

Lektion 39   §§ 178–179

Dekliniert werden die Zahlen 1–3. Alle Hunderter ab 200 werden nach der ā- und o-Deklination dekliniert. Alle anderen Grundzahlen werden nicht dekliniert:

tria flūmina	3 Flüsse
ducentae arcēs	200 Burgen
centum oppida	100 Städte

2. Ordnungszahlen

Alle Ordnungszahlen werden nach der ā- und o-Deklination dekliniert:

pars tertia	der dritte Teil/ein Drittel

§ 179 Ablātīvus līmitātiōnis

Belgica regiō ... nunc māiōre ex parte ad Germāniam pertinet linguā et moribus.	Belgien ... gehört jetzt zum größeren Teil nach Sprache und Lebensweise zu Germanien.

Der ablātīvus līmitātiōnis (līmitātiō: Begrenzung) drückt als adverbiale Bestimmung aus, in welcher Beziehung die Aussage gültig ist: Nur hinsichtlich Sprache und Lebensweise gehört ein großer Teil Belgiens zu Germanien.
Der ablātīvus līmitātiōnis antwortet auf die Frage: »In welcher Hinsicht?«

Lektion 40 § 180

§ 180 Genitīvus explicātīvus

verbum prōgressiōnis   das Wort »Fortschritt«

Prōgressiōnis drückt hier aus, welches Wort gemeint ist. Man nennt diesen Genitiv genitīvus explicātīvus (explicāre: erklären). Der genitīvus explicātīvus füllt die Satzstelle Attribut. In der Übersetzung steht statt des Genitivs meist der Nominativ.

Anhang

Deklination der Substantive

ā-Deklination

silva f. Wald	Singular	Plural
Nom.	silv-a	silv-ae
Gen.	silv-ae	silv-ārum
Dat.	silv-ae	silv-īs
Akk.	silv-am	silv-ās
Abl.	silv-ā	silv-īs

o-Deklination

Masculina auf -us und -er

	servus Sklave	puer Junge	ager Feld
Singular			
Nom.	serv-us	puer	ager
Gen.	serv-ī	puer-ī	agr-ī
Dat.	serv-ō	puer-ō	agr-ō
Akk.	serv-um	puer-um	agr-um
Abl.	cum serv-ō	cum puer-ō	agr-ō
Vok.	serv-e		
Plural			
Nom.	serv-ī	puer-ī	agr-ī
Gen.	serv-ōrum	puer-ōrum	agr-ōrum
Dat.	serv-īs	puer-īs	agr-īs
Akk.	serv-ōs	puer-ōs	agr-ōs
Abl.	serv-īs	puer-īs	agr-īs

Neutra

sīgnum Zeichen	Singular	Plural
Nom.	sīgn-um	sīgn-a
Gen.	sīgn-ī	sīgn-ōrum
Dat.	sīgn-ō	sīgn-īs
Akk.	sīgn-um	sīgn-a
Abl.	sīgn-ō	sīgn-īs

Deklinationstabellen   **Anhang**

konsonantische Deklination

	Masculina und Feminina		
	labor m. Arbeit	rēx m. König	cīvitās f. Bürgerschaft
Singular			
Nom.	labor	rēx	cīvitās
Gen.	labōr-is	rēg-is	cīvitāt-is
Dat.	labōr-ī	rēg-ī	cīvitāt-ī
Akk.	labōr-em	rēg-em	cīvitāt-em
Abl.	labōr-e	cum rēg-e	cīvitāt-e
Plural			
Nom.	labōr-ēs	rēg-ēs	cīvitāt-ēs
Gen.	labōr-um	rēg-um	cīvitāt-um
Dat.	labōr-ibus	rēg-ibus	cīvitāt-ibus
Akk.	labōr-ēs	rēg-ēs	cīvitāt-ēs
Abl.	labōr-ibus	cum rēg-ibus	cīvitāt-ibus
	Neutra		
	tempus n. Zeit	nōmen n. Name	
Singular			
Nom.	tempus	nōmen	
Gen.	tempor-is	nōmin-is	
Dat.	tempor-ī	nōmin-ī	
Akk.	tempus	nōmen	
Abl.	tempor-e	nōmin-e	
Plural			
Nom.	tempor-a	nōmin-a	
Gen.	tempor-um	nōmin-um	
Dat.	tempor-ibus	nōmin-ibus	
Akk.	tempor-a	nōmin-a	
Abl.	tempor-ibus	nōmin-ibus	

ē-Deklination

	rēs f. Sache diēs m. Tag			
	Singular		**Plural**	
Nom.	r-ēs	di-ēs	rē-s	di-ēs
Gen.	r-eī	di-ēī	r-ērum	di-ērum
Dat.	r-eī	di-ēī	r-ēbus	di-ēbus
Akk.	r-em	di-em	r-ēs	di-ēs
Abl.	r-ē	di-ē	r-ēbus	di-ēbus

146

Anhang   Deklinationstabellen

u-Deklination

	exercitus m. Heer	manus f. Hand
Singular		
Nom.	exercit-us	man-us
Gen.	exercit-ūs	man-ūs
Dat.	exercit-uī	man-uī
Akk.	exercit-um	man-um
Abl.	exercit-ū	man-ū
Plural		
Nom.	exercit-ūs	man-ūs
Gen.	exercit-uum	man-uum
Dat.	exercit-ibus	man-ibus
Akk.	exercit-ūs	man-ūs
Abl.	exercit-ibus	man-ibus

i-Deklination

	turris f. Turm mare n. Meer			
	Singular		**Plural**	
Nom.	turr-i-s	mare	turr-ēs	mar-ia
Gen.	turr-i-s	mar-is	turr-ium	mar-ium
Dat.	turr-ī	mar-ī	turr-ibus	mar-ibus
Akk.	turr-im	mare	turr-īs (turr-ēs)	mar-ia
Abl.	turr-ī	mar-ī	turr-ibus	mar-ibus

gemischte Deklination

	urbs f. Stadt	cīvis m., f. Bürger(in)	clādēs f. Niederlage
Singular			
Nom.	urbs	cīv-is	clād-ēs
Gen.	urb-is	cīv-is	clād-is
Dat.	urb-ī	cīv-ī	clād-ī
Akk.	urb-em	cīv-em	clād-em
Abl.	urb-e	cīv-e	clād-e
Plural			
Nom.	urb-ēs	cīv-ēs	clād-ēs
Gen.	urb-ium	cīv-ium	clād-ium
Dat.	urb-ibus	cīv-ibus	clād-ibus
Akk.	urb-ēs	cīv-ēs	clād-ēs
Abl.	urb-ibus	cīv-ibus	clād-ibus

Deklinationstabellen   **Anhang**

Deklination der Adjektive

Adjektive der ā- und o-Deklination

auf -us:	bonus, bona, bonum gut		
Singular	**m.**	**f.**	**n.**
Nom.	bon-us	bon-a	bon-um
Gen.	bon-ī	bon-ae	bon-ī
Dat.	bon-ō	bon-ae	bon-ō
Akk.	bon-um	bon-am	bon-um
Abl.	bon-ō	bon-ā	bon-ō
Vok.	bon-e		
Plural			
Nom.	bon-ī	bon-ae	bon-a
Gen.	bon-ōrum	bon-ārum	bon-ōrum
Dat.	bon-īs	bon-īs	bon-īs
Akk.	bon-ōs	bon-ās	bon-a
Abl.	bon-īs	bon-īs	bon-īs
auf -(e)r:	pulcher, pulchra, pulchram schön		
Singular	**m.**	**f.**	**n.**
Nom.	pulcher	pulchr-a	pulchr-um
Gen.	pulchr-ī	pulchr-ae	pulchr-ī
Dat.	pulchr-ō	pulchr-ae	pulchr-ō
Akk.	pulchr-um	pulchr-am	pulchr-um
Abl.	pulchr-ō	pulchr-ā	pulchr-ō
Plural			
Nom.	pulchr-ī	pulchr-ae	pulchr-a
Gen.	pulchr-ōrum	pulchr-ārum	pulchr-ōrum
Dat.	pulchr-īs	pulchr-īs	pulchr-īs
Akk.	pulchr-ōs	pulchr-ās	pulchr-a
Abl.	pulchr-īs	pulchr-īs	pulchr-īs
miser, misera, miserum elend			
Singular	**m.**	**f.**	**n.**
Nom.	miser	miser-a	miser-um
Gen.	miser-ī	miser-ae	miser-ī
	usw.	usw.	usw.

148

Anhang   Deklinationstabellen

Adjektive der i-Deklination

Die Adjektive der i-Deklination haben im Nominativ Singular entweder wie ācer, ācris, ācre drei verschiedene Formen (dreiendiges Adjektiv), wie admīrābilis, admīrābilis, admīrābile zwei verschiedene Formen (zweiendiges Adjektiv) oder aber wie fēlīx, fēlīx, fēlīx nur eine Form (einendiges Adjektiv).

	ācer, ācris, ācre scharf			admīrābilis, admīrābilis, admīrābile bewundernswert	
Singular	m.	f.	n.	m. und f.	n.
Nom.	ācer	ācr-is	ācr-e	admīrābil-is	admīrābil-e
Gen.	ācr-is	ācr-is	ācr-is	admīrābil-is	admīrābil-is
Dat.	ācr-ī	ācr-ī	ācr-ī	admīrābil-ī	admīrābil-ī
Akk.	ācr-em	ācr-em	ācr-e	admīrābil-em	admīrābil-e
Abl.	ācr-ī	ācr-ī	ācr-ī	admīrābil-ī	admīrābil-ī
Plural					
Nom.	ācr-ēs	ācr-ēs	ācr-ia	admīrābil-ēs	admīrābil-ia
Gen.	ācr-ium	ācr-ium	ācr-ium	admīrābil-ium	admīrābil-ium
Dat.	ācr-ibus	ācr-ibus	ācr-ibus	admīrābil-ibus	admīrābil-ibus
Akk.	ācr-ēs	ācr-ēs	ācr-ia	admīrābil-ēs	admīrābil-ia
Abl.	ācr-ibus	ācr-ibus	ācr-ibus	admīrābil-ibus	admīrābil-ibus
	fēlīx, fēlīx, fēlīx glücklich				
	m. und f.	n.		m. und f.	n.
	Singular			Plural	
Nom.	fēlīx	fēlīx		fēlīc-ēs	fēlīc-ia
Gen.	fēlīc-is	fēlīc-is		fēlīc-ium	fēlīc-ium
Dat.	fēlīc-ī	fēlīc-ī		fēlīc-ibus	fēlīc-ibus
Akk.	fēlīc-em	fēlīx		fēlīc-ēs	fēlīc-ia
Abl.	fēlīc-ī	fēlīc-ī		fēlīc-ibus	fēlīc-ibus

Deklination des Komparativs der Adjektive

	doctior, doctior, doctius gelehrter				
	m. und f.	n.		m. und f.	n.
	Singular			Plural	
Nom.	doct-ior	doct-ius		doctiōr-ēs	doctiōr-a
Gen.	doctiōr-is	doctiōr-is		doctiōr-um	doctiōr-um
Dat.	doctiōr-ī	doctiōr-ī		doctiōr-ibus	doctiōr-ibus
Akk.	doctiōr-em	doct-ius		doctiōr-ēs	doctiōr-a
Abl.	doctiōr-e	doctiōr-e		doctiōr-ibus	doctiōr-ibus

149

Deklinationstabellen   **Anhang**

Deklination des Partizip Präsens Aktiv

	vocāns rufend			
	m. und f.	**n.**	**m. und f.**	**n.**
	Singular		Plural	
Nom.	vocāns	vocāns	vocant-ēs	vocant-ia
Gen.	vocant-is	vocant-is	vocant-ium	vocant-ium
Dat.	vocant-ī	vocant-ī	vocant-ibus	vocant-ibus
Akk.	vocant-em	vocāns	vocant-ēs	vocant-ia
Abl.	vocant-e	vocant-e	vocant-ibus	vocant-ibus

Personalpronomina

Singular				
Nom.	egō	ich	tū	du
Gen.	—	—	—	—
Dat.	mihi	mir	tibi	dir
Akk.	mē	mich	tē	dich
Abl.	mē	—	tē	—
Plural				
Nom.	nōs	wir	vōs	ihr
Gen.	—	—	—	—
Dat.	nōbīs	uns	vōbīs	euch
Akk.	nōs	uns	vōs	euch
Abl.	nōbīs	—	vōbīs	—

In Verbindung mit cum lauten die Ablative: mēcum – tēcum – nōbīscum – vōbīs-cum.

Reflexivpronomen

Singular und Plural		
Nom.	—	
Gen.	suī	seiner, ihrer
Dat.	sibi	sich
Akk.	sē	sich
Abl.	sē (sēcum)	(mit) sich

Anhang
Deklinationstabellen

Possessivpronomina

meus, a, um	mein	noster, nostra, nostrum	unser
tuus, a, um	dein	vester, vestra, vestrum	euer
suus, a, um	sein, ihr	suus, a, um	ihr

Die Possessivpronomina werden wie Adjektive der ā- und o-Deklination dekliniert.

Relativpronomen

	qui, quae, quod			der, die, das; welcher, welche, welches		
Singular	m.	f.	n.	m.	f.	n.
Nom.	quī	quae	quod	der	die	das
Gen.	cuius	cuius	cuius	dessen	deren	dessen
Dat.	cui	cui	cui	dem	der	dem
Akk.	quem	quam	quod	den	die	das
Abl.	quō	quā	quō	(von) dem	(von) der	(von) dem
Plural						
Nom.	quī	quae	quae		die	
Gen.	quōrum	quārum	quōrum		deren	
Dat.	quibus	quibus	quibus		denen	
Akk.	quōs	quās	quae		die	
Abl.	quibus	quibus	quibus		(von) denen	

Demonstrativpronomina

is, ea, id	der, die das dieser, diese, dies(es) (er, sie, es)
hic, haec, hoc	dieser, diese, dieses
ille, illa, illud	jener, jene, jenes
ipse, ipsa, ipsum	(er, sie, es) selbst
īdem, eadem, idem	derselbe, dieselbe, dasselbe

151

Deklinationstabellen | **Anhang**

	Singular			Plural		
Nom.	is	ea	id	iī	eae	ea
Gen.	eius	eius	eius	eōrum	eārum	eōrum
Dat.	ei	ei	ei	iīs	iīs	iīs
Akk.	eum	eam	id	eōs	eās	ea
Abl.	eō	eā	eō	iīs	iīs	iīs

Dativ und Ablativ Plural haben auch die Form eīs.

	Singular			Plural		
Nom.	hic	haec	hoc	hī	hae	haec
Gen.	huius	huius	huius	hōrum	hārum	hōrum
Dat.	huic	huic	huic	hīs	hīs	hīs
Akk.	hunc	hanc	hoc	hōs	hās	haec
Abl.	hōc	hāc	hōc	hīs	hīs	hīs

	Singular			Plural		
Nom.	ille	illa	illud	illī	illae	illa
Gen.	illīus	illīus	illīus	illōrum	illārum	illōrum
Dat.	illī	illī	illī	illīs	illīs	illīs
Akk.	illum	illam	illud	illōs	illās	illa
Abl.	illō	illā	illō	illīs	illīs	illīs

Ebenso: iste, ista, istud   dieser da, diese da, dies da

	Singular			Plural		
Nom.	ipse	ipsa	ipsum	ipsī	ipsae	ipsa
Gen.	ipsīus	ipsīus	ipsīus	ipsōrum	ipsārum	ipsōrum
Dat.	ipsī	ipsī	ipsī	ipsīs	ipsīs	ipsīs
Akk.	ipsum	ipsam	ipsum	ipsōs	ipsās	ipsa
Abl.	ipsō	ipsā	ipsō	ipsīs	ipsīs	ipsīs

	Singular			Plural		
Nom.	īdem	eadem	idem	iīdem	eaedem	eadem
Gen.	eiusdem	eiusdem	eiusdem	eōrundem	eārundem	eōrundem
Dat.	eīdem	eīdem	eīdem	iīsdem	iīsdem	iīsdem
Akk.	eundem	eandem	idem	eōsdem	eāsdem	eadem
Abl.	eōdem	eādem	eōdem	iīsdem	iīsdem	iīsdem

Dativ und Ablativ Plural haben auch die Form īsdem.

152

Anhang   Deklinationstabellen

Interrogativpronomina

	substantivisch			
Singular	**m. und f.**		**n.**	
Nom.	quis?	wer?	quid?	was?
Gen.	cuius?	wessen?	cuius?	wessen?
Dat.	cui?	wem?	cui?	wem?
Akk.	quem?	wen?	quid?	was?
Abl.	ā quō?	von wem?	quō?	wovon? wodurch?
	quocum?	mit wem?		

Das adjektivische Interrogativpronomen ist gleich dem Relativpronomen.

Indefinitapronomina

substantivisch	
aliquis, aliquid	irgendeiner, irgendetwas
quis, quid	irgendeiner, irgendetwas
adjektivisch	
aliquī, aliqua, aliquod	irgendein, irgendeine, irgendein
quī, qua, quod	irgendein, irgendeine, irgendein
quīdam, quaedam, quoddam	jemand; ein (gewisser), eine (gewisse), ein (gewisses)

Indēfinīta werden nach dem Muster von quis, quid bzw. quī, quae, quod dekliniert.
Quis, quid; quī, qua, quod stehen statt aliquis, aliquid; aliquī, aliqua, aliquod nach
nē, sī, nisī, num.

153

Deklinationstabellen   **Anhang**

quisquam, quicquam	(irgend)jemand, (irgend)etwas	

	m. und f.	**n.**
Nom. Gen.	quisquam cuiusquam usw.	quicquam cuiusquam

quisque, quidque jeder, jedes					
quisque, quaeque, quodque jeder, jede, jedes					

	substantivisch		**adjektivisch**		
	m. und f.	**n.**	**m.**	**f.**	**n.**
Nom. Gen.	quisque cuiusque usw.	quidque cuiusque usw.	quisque cuiusque usw.	quaeque cuiusque usw.	quodque cuiusque usw.

uterque, utraque, utrumque jeder von beiden, jede von beiden, jedes von beiden		

	m.	**f.**	**n.**
Nom. Gen. Dat. Akk. Abl.	uterque utrīusque utrīque utrumque utrōque	utraque utrīusque utrīque utramque utrāque	utrumque utrīusque utrīque utrumque utrōque

quīdam, quaedam, quiddam/quoddam ein gewisser, eine gewisse, ein gewisses					

	substantivisch			**adjektivisch**		
	m.	**f.**	**n.**	**m.**	**f.**	**n.**
Nom. Gen. Dat. Akk. Abl.	quīdam cuiusdam cuidam quendam quōdam	quaedam cuiusdam cuidam quandam quādam	quiddam cuiusdam cuidam quiddam quōdam	quīdam cuiusdam cuidam quendam quōdam	quaedam cuiusdam cuidam quandam quādam	quoddam cuiusdam cuidam quoddam quōdam
				usw., aber Gen. Pl.: quōrundam, quārundam, quōrundam		

154

Anhang		Deklinationstabellen

	nēmō niemand	nihil nichts
Nom.	nēmō	nihil
Gen.	nūllīus	nūllīus reī
Dat.	nēminī	nūllī reī
Akk.	nēminem	nihil
Abl.	nūllō	nūllā rē

Pronominaladjektive

Zu den Pronominaladjektiven gehören:

ūnus, ūna, ūnum	ein(er), eine, ein(es)
ūllus, ūlla, ūllum	irgendein(er), irgendeine, irgendein(es)
nūllus, nūlla, nūllum	kein, keine, kein
alter, altera, alterum	der eine/andere, die eine/andere, das eine/andere (von beiden)
alius, alia, aliud	ein anderer, eine andere, ein anderes
sōlus, a, um	allein
tōtus, a, um	ganz

Sie bilden alle den Genitiv Singular auf -īus und den Dativ Singular auf -ī.

Beachte:

alius, alia, aliud hat im Genitiv Singular alterīus (Dativ Singular: aliī).

	nūllus, nūlla, nūllum kein, keine, kein					
	Singular			Plural		
	m.	f.	n.	m.	f.	n.
Nom.	nūllus	nūlla	nūllum	nūllī	nūllae	nūlla
Gen.	nūllīus	nūllīus	nūllīus	nūllōrum	nūllārum	nūllōrum
Dat.	nūllī	nūllī	nūllī	nūllīs	nūllīs	nūllīs
Akk.	nūllum	nūllam	nūllum	nūllōs	nūllās	nūlla
Abl.	nūllō	nūllā	nūllō	nūllīs	nūllīs	nūllīs

155

Konjugationstabellen | **Anhang**

Formen des Präsensstammes

Indikativ Aktiv				
ā-Konjugation	ē-Konjugation	ī-Konjugation	konsonantische Konjugation	kons. Konjugation mit i-Erweiterung
Präsens				
voc-ō	terre-ō	audi-ō	mitt-ō	cap-i-ō
vocā-s	terrē-s	audī-s	mitt-i-s	capi-s
voca-t	terre-t	audi-t	mitt-i-t	capi-t
vocā-mus	terrē-mus	audī-mus	mitt-i-mus	capi-mus
vocā-tis	terrē-tis	audī-tis	mitt-i-tis	capi-tis
voca-nt	terre-nt	audi-u-nt	mitt-u-nt	capi-u-nt
Imperfekt				
vocā-ba-m	terrē-ba-m	audī-ēba-m	mitt-ēba-m	capi-ēba-m
vocā-bā-s	terrē-bā-s	audī-ēbā-s	mitt-ēbā-s	capi-ēbā-s
vocā-ba-t	terrē-ba-t	audī-ēba-t	mitt-ēba-t	capi-ēba-t
vocā-bā-mus	terrē-bā-mus	audī-ēbā-mus	mitt-ēbā-mus	capi-ēbā-mus
vocā-bā-tis	terrē-bā-tis	audī-ēbā-tis	mitt-ēbā-tis	capi-ēbā-tis
vocā-ba-nt	terrē-ba-nt	audī-ēba-nt	mitt-ēba-nt	capi-ēba-nt
Futur 1				
vocā-bō	terrē-bō	audī-a-m	mitt-a-m	capi-a-m
vocā-bi-s	terrē-bi-s	audī-ē-s	mitt-ē-s	capi-ē-s
vocā-bi-t	terrē-bi-t	audī-e-t	mitt-e-t	capi-e-t
vocā-bi-mus	terrē-bi-mus	audī-ē-mus	mitt-ē-mus	capi-ē-mus
vocā-bi-tis	terrē-bi-tis	audī-ē-tis	mitt-ē-tis	capi-ē-tis
vocā-bu-nt	terrē-bu-nt	audī-e-nt	mitt-e-nt	capi-e-nt

Konjunktiv Aktiv				
Präsens				
voce-m	terre-a-m	audi-a-m	mitt-a-m	capi-a-m
vocē-s	terre-ā-s	audi-ā-s	mitt-ā-s	capi-ā-s
voce-t	terre-a-t	audi-a-t	mitt-a-t	capi-a-t
vocē-mus	terre-ā-mus	audi-ā-mus	mitt-ā-mus	capi-ā-mus
vocē-tis	terre-ā-tis	audi-ā-tis	mitt-ā-tis	capi-ā-tis
voce-nt	terre-a-nt	audi-a-nt	mitt-a-nt	capi-a-nt
Imperfekt				
vocā-re-m	terrē-re-m	audī-re-m	mitte-re-m	cape-re-m
vocā-rē-s	terrē-rē-s	audī-rē-s	mitte-rē-s	cape-rē-s
vocā-re-t	terrē-re-t	audī-re-t	mitte-re-t	cape-re-t
vocā-rē-mus	terrē-rē-mus	audī-rē-mus	mitte-rē-mus	cape-rē-mus
vocā-rē-tis	terrē-rē-tis	audī-rē-tis	mitte-rē-tis	cape-rē-tis
vocā-re-nt	terrē-re-nt	audī-re-nt	mitte-re-nt	cape-re-nt

156

Anhang   Konjugationstabellen

Weitere Aktiv-Formen

ā-Konjugation	ē-Konjugation	ī-Konjugation	konsonantische Konjugation	kons. Konjugation mit i-Erweiterung
Imperativ				
vocā vocā-te	terrē terrē-te	audī audī-te	mitt-e mitt-i-te	cape capi-te
Infinitiv Präsens				
vocā-re	terrē-re	audī-re	mitt-e-re	cape-re
Infinitiv Futur				
vocātūrum, am, um esse	terri-tūrum, am, um esse	audī-tūrum, am, um esse	miss-ūrum, am, um esse	capt-ūrum, am, um esse
Partizip Präsens				
vocā-ns, voca-ntis	terrē-ns, terre-ntis	audi-ēns, audi-entis	mitt-ēns, mitt-entis	capi-ēns, capi-entis
Partizip Futur				
vocā-tūrus, a, um	terri-tūrus, a, um	audī-tūrus, a, um	miss-ūrus, a, um	cap-tūrus, a, um
Gerundium				
voca-nd-ī	terre-nd-ī	audi-end-ī	mitt-end-ī	capi-end-ī

Konjugationstabellen **Anhang**

Formen des Präsensstammes

Indikativ Passiv

ā-Konjugation	ē-Konjugation	ī-Konjugation	konsonantische Konjugation	kons. Konjugation mit i-Erweiterung
Präsens				
voc-or	terre-or	audi-or	mitt-or	cap-i-or
vocā-ris	terrē-ris	audī-ris	mitt-e-ris	cape-ris
vocā-tur	terrē-tur	audī-tur	mitt-i-tur	capi-tur
vocā-mur	terrē-mur	audī-mur	mitt-i-mur	capi-mur
vocā-minī	terrē-minī	audī-minī	mitt-i-minī	capi-minī
voca-ntur	terre-ntur	audi-u-ntur	mitt-u-ntur	capi-u-ntur
Imperfekt				
vocā-ba-r	terrē-ba-r	audi-ēba-r	mitt-ēba-r	capi-ēba-r
vocā-bā-ris	terrē-bā-ris	audi-ēbā-ris	mitt-ēbā-ris	capi-ēbā-ris
vocā-bā-tur	terrē-bā-tur	audi-ēbā-tur	mitt-ēbā-tur	capi-ēbā-tur
vocā-bā-mur	terrē-bā-mur	audi-ēbā-mur	mitt-ēbā-mur	capi-ēbā-mur
vocā-bā-minī	terrē-bā-minī	audi-ēbā-minī	mitt-ēbā-minī	capi-ēbā-minī
vocā-ba-ntur	terrē-ba-ntur	audi-ēba-ntur	mitt-ēba-ntur	capi-ēba-ntur
Futur 1				
vocā-b-or	terrē-b-or	audi-a-r	mitt-a-r	capi-a-r
vocā-be-ris	terrē-be-ris	audi-ē-ris	mitt-ē-ris	capi-ē-ris
vocā-bi-tur	terrē-bi-tur	audi-ē-tur	mitt-ē-tur	capi-ē-tur
vocā-bi-mur	terrē-bi-mur	audi-ē-mur	mitt-ē-mur	capi-ē-mur
vocā-bi-minī	terrē-bi-minī	audi-ē-minī	mitt-ē-minī	capi-ē-minī
vocā-bu-ntur	terrē-bu-ntur	audi-e-ntur	mitt-e-ntur	capi-e-ntur

Konjunktiv Passiv

ā-Konjugation	ē-Konjugation	ī-Konjugation	konsonantische Konjugation	kons. Konjugation mit i-Erweiterung
Präsens				
voce-r	terre-a-r	audi-a-r	mitt-a-r	capi-a-r
vocē-ris	terre-ā-ris	audi-ā-ris	mitt-ā-ris	capi-ā-ris
vocē-tur	terre-ā-tur	audi-ā-tur	mitt-ā-tur	capi-ā-tur
vocē-mur	terre-ā-mur	audi-ā-mur	mitt-ā-mur	capi-ā-mur
vocē-minī	terre-ā-minī	audi-ā-minī	mitt-ā-minī	capi-ā-minī
voce-ntur	terre-a-ntur	audi-a-ntur	mitt-a-ntur	capi-a-ntur
Imperfekt				
vocā-re-r	terrē-re-r	audī-re-r	mitte-re-r	cape-re-r
vocā-rē-ris	terrē-rē-ris	audī-rē-ris	mitte-rē-ris	cape-rē-ris
vocā-rē-tur	terrē-rē-tur	audī-rē-tur	mitte-rē-tur	cape-rē-tur
vocā-rē-mur	terrē-rē-mur	audī-rē-mur	mitte-rē-mur	cape-rē-mur
vocā-rē-minī	terrē-rē-minī	audī-rē-minī	mitte-rē-minī	cape-rē-minī
vocā-re-ntur	terrē-re-ntur	audī-re-ntur	mitte-re-ntur	cape-re-ntur

158

Anhang | Konjugationstabellen

Weitere Passiv-Formen				
ā-Konjugation	ē-Konjugation	ī-Konjugation	konsonantische Konjugation	kons. Konjugation mit i-Erweiterung
Gerundivum				
voca-nd-us, a, um	terre-nd-us, a, um	audi-end-us, a, um	mitt-end-us, a, um	capi-end-us, a, um

Konjugationstabellen Anhang

Formen des Perfektstammes

Indikativ Aktiv

ā-Konjugation	ē-Konjugation	ī-Konjugation	konsonantische Konjugation	kons. Konjugation mit i-Erweiterung
Perfekt				
vocāv-ī	terru-ī	audīv-ī	mīs-ī	cēp-ī
vocāv-istī	terru-istī	audīv-istī	mīs-istī	cēp-istī
vocāv-it	terru-it	audīv-it	mīs-it	cēp-it
vocāv-imus	terru-imus	audīv-imus	mīs-imus	cēp-imus
vocāv-istis	terru-istis	audīv-istis	mīs-istis	cēp-istis
vocāv-ērunt	terru-ērunt	audīv-ērunt	mīs-ērunt	cēp-ērunt
Plusquamperfekt				
vocāv-era-m	terru-era-m	audīv-era-m	mīs-era-m	cēp-era-m
vocāv-erā-s	terru-erā-s	audīv-erā-s	mīs-erā-s	cēp-erā-s
vocāv-era-t	terru-era-t	audīv-era-t	mīs-era-t	cēp-era-t
vocāv-erā-mus	terru-erā-mus	audīv-erā-mus	mīs-erā-mus	cēp-erā-mus
vocāv-erā-tis	terru-erā-tis	audīv-erā-tis	mīs-erā-tis	cēp-erā-tis
vocāv-era-nt	terru-era-nt	audīv-era-nt	mīs-era-nt	cēp-era-nt
Futur 2				
vocāv-er-ō	terru-er-ō	audīv-er-ō	mīs-er-ō	cēp-er-ō
vocāv-eri-s	terru-eri-s	audīv-eri-s	mīs-eri-s	cēp-eri-s
vocāv-eri-t	terru-eri-t	audīv-eri-t	mīs-eri-t	cēp-eri-t
vocāv-eri-mus	terru-eri-mus	audīv-eri-mus	mīs-eri-mus	cēp-eri-mus
vocāv-eri-tis	terru-eri-tis	audīv-eri-tis	mīs-eri-tis	cēp-eri-tis
vocāv-eri-nt	terru-eri-nt	audīv-eri-nt	mīs-eri-nt	cēp-eri-nt

Konjunktiv Aktiv

Perfekt				
vocāv-eri-m	terru-eri-m	audīv-eri-m	mīs-eri-m	cēp-eri-m
vocāv-eri-s	terru-eri-s	audīv-eri-s	mīs-eri-s	cēp-eri-s
vocāv-eri-t	terru-eri-t	audīv-eri-t	mīs-eri-t	cēp-eri-t
vocāv-eri-mus	terru-eri-mus	audīv-eri-mus	mīs-eri-mus	cēp-eri-mus
vocāv-eri-tis	terru-eri-tis	audīv-eri-tis	mīs-eri-tis	cēp-eri-tis
vocāv-eri-nt	terru-eri-nt	audīv-eri-nt	mīs-eri-nt	cēp-eri-nt
Plusquamperfekt				
vocāv-isse-m	terru-isse-m	audīv-isse-m	mīs-isse-m	cēp-isse-m
vocāv-issē-s	terru-issē-s	audīv-issē-s	mīs-issē-s	cēp-issē-s
vocāv-isse-t	terru-isse-t	audīv-isse-t	mīs-isse-t	cēp-isse-t
vocāv-issē-mus	terru-issē-mus	audīv-issē-mus	mīs-issē-mus	cēp-issē-mus
vocāv-issē-tis	terru-issē-tis	audīv-issē-tis	mīs-issē-tis	cēp-issē-tis
vocāv-isse-nt	terru-isse-nt	audīv-isse-nt	mīs-isse-nt	cēp-isse-nt

Weitere Aktiv-Formen

ā-Konjugation	ē-Konjugation	ī-Konjugation	konsonantische Konjugation	kons. Konjugation mit i-Erweiterung
Infinitiv				
vocāv-isse	terru-isse	audīv-isse	mīs-isse	cēp-isse

Indikativ Passiv (hier nur 1. Person Singular m.)

ā-Konjugation	ē-Konjugation	ī-Konjugation	konsonantische Konjugation	kons. Konjugation mit i-Erweiterung
Perfekt				
vocātus sum	territus sum	audītus sum	missus sum	captus sum
Plusquamperfekt				
vocātus eram	territus eram	audītus eram	missus eram	captus eram
Futur 2				
vocātus erō	territus erō	audītus erō	missus erō	captus erō

Konjunktiv Passiv

Perfekt				
vocātus sim	territus sim	audītus sim	missus sim	captus sim
Plusquamperfekt				
vocātus essem	territus essem	audītus essem	missus essem	captus essem

Weitere Passiv-Formen

Infinitiv				
vocātum, am, um esse	territum, am, um esse	audītum, am, um esse	missum, am, um esse	captum, am, um esse
Partizip				
vocātus, a, um	territus, a, um	audītus, a, um	missus, a, um	captus, a, um

Konjugationstabellen   **Anhang**

Verben mit Besonderheiten bei der Konjugation

esse: sein

Präsens	Imperfekt	Futur 1	Perfekt	Plusquam-perfekt	Futur 2
Indikativ					
sum	eram	erō	fuī	fueram	fuerō
es	erās	eris	fuistī	fuerās	fueris
est	erat	erit	fuit	fuerat	fuerit
sumus	erāmus	erimus	fuimus	fuerāmus	fuerimus
estis	erātis	eritis	fuistis	fuerātis	fueritis
sunt	erant	erunt	fuērunt	fuerant	fuerint
Konjunktiv					
sim	essem		fuerim	fuissem	
sīs	essēs		fueris	fuissēs	
sit	esset		fuerit	fuisset	
sīmus	essēmus		fuerimus	fuissēmus	
sītis	essētis		fueritis	fuissētis	
sint	essent		fuerint	fuissent	
Infinitiv					
esse		futūrum, am, um esse (fore)	fuisse		
Imperativ					
es este					
Partizip					
		futūrus, a, um			

162

posse: können / prōdesse: nützen

	Indikativ		Konjunktiv	
Präsens	pos-sum pot-es pot-est pos-sumus pot-estis pos-sunt	prō-sum prōd-es prōd-est prō-sumus prōd-estis prō-sunt	pos-sim pos-sīs pos-sit pos-sīmus pos-sītis pos-sint	prō-sim prō-sīs prō-sit prō-sīmus prō-sītis prō-sint
Imperfekt	pot-eram pot-erās pot-erat pot-erāmus pot-erātis pot-erant	prōd-eram prōd-erās prōd-erat prōd-erāmus prōd-erātis prōd-erant	pos-sem pos-sēs pos-set pos-sēmus pos-sētis pos-sent	prōd-essem prōd-essēs prōd-esset prōd-essēmus prōd-essētis prōd-essent
Futur 1	pot-erō pot-eris pot-erit pot-erimus pot-eritis pot-erunt	prōd-erō prōd-eris prōd-erit prōd-erimus prōd-eritis prōd-erunt		
Imperativ		prōd-es prōd-este		
Perfekt	potu-ī potu-īstī (usw.)	prō-fuī prō-fuistī (usw.)	potu-erim potu-eris (usw.)	prō-fuerim prō-fueris (usw.)
Plusquam- perfekt	potu-eram potu-erās (usw.)	prō-fueram prō-fuerās (usw.)	potu-issem potu-issēs (usw.)	prō-fuissem prō-fuissēs (usw.)
Futur 2	potu-erō potu-eris (usw.)	prō-fuerō prō-fueris (usw.)		

ferre: tragen, bringen

Aktiv					
Präsens	**Imperfekt**	**Futur 1**	**Perfekt**	**Plusquam-perfekt**	**Futur 2**
Indikativ					
ferō	ferēbam	feram	tulī	tuleram	tulerō
fers	ferēbās	ferēs	tulistī	tulerās	tuleris
fert	ferēbat	feret	tulit	tulerat	tulerit
ferimus	ferēbāmus	ferēmus	tulimus	tulerāmus	tulerimus
fertis	ferēbātis	ferētis	tulistis	tulerātis	tuleritis
ferunt	ferēbant	ferent	tulērunt	tulerant	tulerint
Konjunktiv					
feram	ferrem		tulerim	tulissem	
ferās	ferrēs		tuleris	tulissēs	
ferat	ferret		tulerit	tulisset	
ferāmus	ferrēmus		tulerimus	tulissēmus	
ferātis	ferrētis		tuleritis	tulissētis	
ferant	ferrent		tulerint	tulissent	
Infinitiv					
ferre		lātūrum, am, um esse	tulisse		
Imperativ					
fer ferte					
Partizip					
ferēns, ferentis (PPA)		lātūrus, a, um (PFA)	lātus, a, um (PPP)		
Gerundium					
ferendī					

164

Anhang

Konjugationstabellen

Passiv					
Präsens	**Imperfekt**	**Futur 1**	**Perfekt**	**Plusquam-perfekt**	**Futur 2**
Indikativ					
feror ferris fertur ferimur feriminī feruntur	ferēbar ferēbāris (usw.)	ferar ferēris (usw.)	lātus sum lātus es (usw.)	lātus eram lātus erās (usw.)	lātus erō lātus eris (usw.)
Konjunktiv					
ferar ferāris (usw.)	ferrer ferrēris (usw.)		lātus sim lātus sīs (usw.)	lātus essem lātus essēs (usw.)	
Infinitiv					
ferrī			lātūm, am, um esse		

165

Konjugationstabellen · Anhang

īre: gehen

Präsens	Imperfekt	Futur 1	Perfekt	Plusquam-perfekt	Futur 2
Indikativ					
eō	ībam	ībō	iī	ieram	ierō
īs	ībās	ībis	īstī (iistī)	ierās	ieris
it	ībat	ībit	iit	ierat	ierit
īmus	ībāmus	ībimus	iimus	ierāmus	ierimus
ītis	ībātis	ībitis	īstis (iistis)	ierātis	ieritis
eunt	ībant	ībunt	iērunt	ierant	ierint
Konjunktiv					
eam	īrem		ierim	īssem	
eās	īrēs		ieris	īssēs	
eat	īret		ierit	īsset	
eāmus	īrēmus		ierimus	īssēmus	
eātis	īrētis		ieritis	īssētis	
eant	īrent		ierint	īssent	
Infinitiv					
īre		itūrum, am, um esse	īsse (iisse)		
Imperativ					
ī īte					
Partizip					
iēns, euntis		itūrus, a, um			
Gerundium					
eundī					

Anhang

Konjugationstabellen

velle: wollen / nōlle: nicht wollen / mālle: lieber wollen

Indikativ	Präsens	volō	nōlō	mālō
		vīs	nōn vīs	māvīs
		vult	nōn vult	māvult
		volumus	nōlumus	mālumus
		vultis	nōn vultis	māvultis
		volunt	nōlunt	mālunt
	Imperfekt	volēbam	nōlēbam	mālēbam
		volēbās	nōlēbās	mālēbās
		(usw.)	(usw.)	(usw.)
	Perfekt	voluī	nōluī	māluī
		voluistī	nōluistī	māluistī
		(usw.)	(usw.)	(usw.)
	Plusquamperfekt	volueram	nōlueram	mālueram
		voluerās	nōluerās	māluerās
		(usw.)	(usw.)	(usw.)
	Futur	volam	nōlam	mālam
		volēs	nōlēs	mālēs
		(usw.)	(usw.)	(usw.)
Konjunktiv	Präsens	velim	nōlim	mālim
		velīs	nōlīs	mālīs
		velit	nōlit	mālit
		velīmus	nōlīmus	mālīmus
		velītis	nōlītis	mālītis
		velint	nōlint	mālint
	Imperfekt	vellem	nōllem	māllem
		vellēs	nōllēs	māllēs
		(usw.)	(usw.)	(usw.)
Infinitiv	Präsens	velle	nōlle	mālle
	Perfekt	voluisse	nōluisse	māluisse
Imperativ			nōlī	
			nōlīte	
Partizip		volēns,	nōlēns,	
		volentis	nōlentis	

167

Stammformen

abdere	abdō	abdidī	abditum	verbergen; verstecken
abdūcere	abdūcō	abdūxī	abductum	entführen
abesse	absum	āfuī		1. entfernt sein 2. abwesend sein
abīre	abeō	abiī	abitum	fortgehen
accidere	accidō	accidī		geschehen; passieren
accipere	accipiō	accēpī	acceptum	annehmen; empfangen; aufnehmen
accurrere	accurrō	accurrī	accursum	herbeilaufen
addere	addō	addidī	additum	hinzufügen
addūcere	addūcō	addūxī	adductum	1. heranführen 2. veranlassen
adesse	adsum	adfuī/affuī		1. da(bei) sein 2. beistehen; helfen
adimere	adimō	adēmī	ademptum	wegnehmen; an sich neh- men
adīre	adeō	adiī	aditum	1. herangehen; aufsuchen 2. angreifen 3. bitten
adiungere	adiungō	adiūnxī	adiūnctum	hinzufügen; anschließen
adiuvāre	adiuvō	adiūvī	adiūtum	unterstützen; helfen
adolēscere	adolēscō	adolēvī	adultum	heranwachsen
advehere	advehō	advexī	advectum	heranfahren; herantrans- portieren
advenīre	adveniō	advēnī	adventum	ankommen
afferre	afferō	attulī	allatum	1. herbeibringen 2. zufügen
afficere	afficiō	affēcī	affectum	1. ausstatten; versehen (mit) 2. in eine Stimmung verset- zen
agere	agō	ēgī	āctum	1. tun; machen 2. treiben 3. betreiben
aggredī	aggredior	aggressus sum		1. angreifen 2. herangehen
alere	alō	aluī	altum	ernähren
alloquī	alloquor	allocūtus sum		anreden; ansprechen
āmittere	āmittō	āmīsī	āmissum	verlieren
animadvertere	animadvertō	animadvertī	animadversum	1. bemerken 2. tadeln; bestrafen
aperīre	aperiō	aperuī	apertum	öffnen; sichtbar machen

Anhang   Stammformen

appetere	appetō	appetīvī	appetītum	erstreben; begehren
appōnere	appōnō	apposuī	appositum	vorsetzen
ārdēre	ārdeō	ārsī		brennen
arripere	arripiō	arripuī	arreptum	ergreifen
ascendere	ascendō	ascendī	ascēnsum	besteigen; hinaufsteigen
assuēscere	assuēscō	assuēvī	assuētum	sich an etwas gewöhnen
attribuere	attribuō	attribuī	attribūtum	zuweisen
audēre	audeō	ausus sum		wagen
audīre	audiō	audīvī	audītum	hören
auferre	auferō	abstulī	ablātum	wegtragen; wegnehmen
augēre	augeō	auxī	auctum	vergrößern; vermehren
cadere	cadō	cecidī		fallen
caedere	caedō	cecīdī	caesum	1. fällen 2. schlagen 3. töten
capere	capiō	cēpī	captum	fangen
cēdere	cēdō	cessī	cessum	weichen
cēnsēre	cēnseō	cēnsuī	cēnsum	meinen; beschließen
circumdare	circumdō	circumdedī	circumdatum	umgeben
circumvenīre	circumveniō	circumvēnī	circumventum	umzingeln; einkreisen
claudere	claudō	clausī	clausum	1. schließen 2. einschließen
cōgere	cōgō	coēgī	coāctum	zwingen
cōgnoscere	cōgnoscō	cōgnōvī	cōgnitum	1. erfahren 2. zur Kenntnis nehmen
coīre	coeō	coiī	coitum	zusammenkommen
colere	colō	coluī	cultum	1. pflegen 2. (Acker) bebauen 3. verehren
comitārī	comitor	comitātus sum		begleiten
committere	committō	commīsī	commissum	1. veranstalten 2. anvertrauen
commovēre	commoveō	commōvī	commōtum	(innerlich) bewegen; ver- anlassen
complēre	compleō	complēvī	complētum	anfüllen
compōnere	compōnō	composuī	compositum	1. zusammenstellen 2. bilden; sich ausdenken
comprehendere	comprehendō	comprehendī	comprehēnsum	ergreifen
concidere	concidō	concidī		stürzen; übereinander fallen
concurrere	concurrō	concurrī	concursum	zusammenlaufen
condere	condō	condidī	conditum	gründen
cōnectere	cōnectō	cōnexuī	cōnectum	verbinden; verknüpfen
cōnferre	cōnferō	cōntulī	collātum	zusammentragen

169

Stammformen				**Anhang**
cōnficere	cōnficiō	cōnfēcī	confectum	anfertigen; vollenden
cōnfitērī	cōnfiteor	cōnfessus sum		bekennen; gestehen
coniungere	coniungō	coniūnxī	coniūnctum	1. verbinden 2. vereinen
conquīrere	conquīrō	conquīsīvī	conquīsītum	1. aufspüren 2. zusammensuchen
cōnsentīre	cōnsentiō	cōnsēnsī	cōnsēnsum	übereinstimmen; zustim- men
cōnsistere	cōnsistō	cōnstitī		1. sich aufstellen 2. Halt machen
cōnstāre	cōnstō	cōnstitī		stehen bleiben
cōnstituere	cōnstituō	cōnstituī	cōnstitūtum	festsetzen; beschließen
cōnsulere	cōnsulō	cōnsuluī	cōnsultum	1. beraten 2. um Rat fragen 3. *m. Dat.* sorgen für
cōnsūmere	cōnsūmō	cōnsūmpsī	consūmptum	verbrauchen; verzehren
contemnere	contemnō	contempsī	contemptum	verachten; gering schätzen
contendere	contendō	contendī	contentum	1. sich anstrengen 2. behaupten 3. kämpfen
continēre	contineō	continuī	contentum	1. enthalten 2. zusammenhalten
convenīre	conveniō	convēnī	conventum	1. zusammenkommen; sich versammeln 2. treffen 3. *m. Dat.* passen zu
convincere	convincō	convīcī	convictum	überführen (eines Verbre- chens)
convīvere	convīvō	convīxī		miteinander leben
corripere	corripiō	corripuī	correptum	packen; ergreifen
corrumpere	corrumpō	corrūpī	corruptum	verderben
crēdere	crēdō	crēdidī	crēditum	1. glauben 2. vertrauen
crēscere	crēscō	crēvī	crētum	wachsen
cupere	cupiō	cupīvī	cupītum	wünschen
currere	currō	cucurrī	cursum	laufen; rennen
dare	dō	dedī	datum	geben
dēcēdere	dēcēdō	dēcessī	dēcessum	weggehen; weichen
dēcipere	dēcipiō	dēcēpī	dēceptum	täuschen; betrügen
dēdere	dēdō	dēdidī	dēditum	1. übergeben 2. (se dedere) sich ergeben
dēesse	dēsum	dēfuī		fehlen
dēfendere	dēfendō	dēfendī	defēnsum	verteidigen
dēferre	dēferō	dētulī	dēlātum	überbringen; melden

Anhang   Stammformen

dēflēre	dēfleō	dēflēvī	dēflētum	beweinen
dēlēre	dēleō	dēlēvī	dēlētum	zerstören
dēscendere	dēscendō	dēscendī	dēscēnsum	hinabsteigen
dēserere	dēserō	dēseruī	dēsertum	verlassen; im Stich lassen
dēsinere	dēsinō	dēsiī	dēsitum	aufhören; ablassen von
dīcere	dīcō	dīxī	dictum	sagen
differre	differō	distulī	dīlātum	1. verbreiten 2. verschieben (einen Termin) 3. *(nur im Präsensstamm)* verschieden sein; sich unterscheiden
dīligere	dīligō	dīlēxī	dīlēctum	lieben; gern haben
dirimere	dirimō	dirēmī	dirēmptum	trennen
dīripere	dīripiō	dīripuī	dīreptum	plündern
discēdere	discēdō	discessī	discessum	weggehen; sich entfernen
discere	discō	didicī		lernen
dīvidere	dīvidō	dīvīsī	dīvīsum	1. teilen 2. verteilen
dūcere	dūcō	dūxī	ductum	führen
ēdere	ēdō	ēdidī	ēditum	herausgeben
ēdīcere	ēdīcō	ēdīxī	ēdictum	befehlen; verkünden
efficere	efficiō	effēcī	effectum	bewirken
effugere	effugiō	effūgī		entfliehen
ēligere	ēligō	ēlēgī	ēlēctum	auswählen
emere	emō	ēmī	ēmptum	kaufen
ēminēre	ēmineō	ēminuī		herausragen; sichtbar werden
ēripere	ēripiō	ēripuī	ēreptum	1. entreißen 2. befreien
esse	sum	fuī		1. sein 2. vorhanden sein; existieren
ēvādere	ēvādō	ēvāsī	ēvāsum	entkommen; entweichen
excēdere	excēdō	excessī	excessum	(über etw.) hinausgehen
exīre	exeō	exiī	exitum	hinausgehen
expellere	expellō	expulī	expulsum	vertreiben
expōnere	expōnō ·	exposuī	expositum	darlegen; erklären
exsistere	exsistō	exstitī		entstehen
exstinguere	exstinguō	exstīnxī	exstīnctum	auslöschen
exstruere	exstruō	exstrūxī	exstrūctum	aufbauen; errichten
facere	faciō	fēcī	factum	tun; machen
fallere	fallō	fefellī		täuschen; betrügen

171

Stammformen   Anhang

favēre	faveō	fāvī	fautum	begünstigen; günstig gesinnt sein
ferre	ferō	tulī	lātum	tragen; ertragen; bringen
fierī	fīō	factus sum		1. werden 2. geschehen 3. gemacht werden (*Passiv zu* facere)
fingere	fingō	fīnxī	fictum	bilden; formen
flectere	flectō	flexī	flexum	1. biegen 2. drehen
flēre	fleō	flēvī	flētum	weinen
flōrēre	flōreō	flōruī		blühen; in Blüte stehen
fluere	fluō	flūxī	flūxum	fließen
frangere	frangō	frēgī	frāctum	zerbrechen; brechen
fruī	fruor	frūctus sum		genießen
fugere	fugiō	fūgī		fliehen
gaudēre	gaudeō	gāvīsus sum		sich freuen
gemere	gemō	gemuī	gemitum	stöhnen; seufzen
gerere	gerō	gessī	gestum	1. tragen 2. (aus)führen
gignere	gignō	genuī	genitum	zeugen; hervorbringen
habēre	habeō	habuī	habitum	haben; halten
haerēre	haereō	haesī	haesum	hängen; haften bleiben
iacēre	iaceō	iacuī		liegen
iacere	iaciō	iēcī	iactum	werfen; schleudern
īgnōscere	īgnōscō	īgnōvī	īgnōtum	verzeihen
imminēre	immineō			drohen
impellere	impellō	impulī	impulsum	antreiben; anstoßen
impendēre	impendeō			1. darüber hängen 2. bevorstehen; drohen
impendere	impendō	impendī	impēnsum	aufwenden; verwenden
impōnere	impōnō	imposuī	impositum	1. auferlegen 2. daraufsetzen
incēdere	incēdō	incessī	incessum	gehen; schreiten
incendere	incendō	incendī	incēnsum	1. anzünden 2. entflammen
incipere	incipiō	incēpī	inceptum	anfangen
incurrere	incurrō	incurrī	incursum	hineinlaufen; hineingeraten
indīcere	indīcō	indīxī	indictum	ansagen; ankündigen
īnferre	īnferō	intulī	illātum	1. hineintragen 2. zufügen; antun
īnficere	īnficiō	īnfēcī	īnfectum	1. benetzen 2. vergiften

Anhang

Stammformen

inicere	iniciō	iniēcī	iniectum	hineinwerfen
inīre	ineō	iniī	initum	1. hineingehen; betreten 2. beginnen
inquīrere	inquīrō	inquīsīvī	inquīsītum	1. aufsuchen 2. untersuchen
īnspicere	īnspiciō	īnspexī	īnspectum	1. hineinschauen; betrachten 2. untersuchen
īnstruere	īnstruō	īnstrūxī	īnstructum	1. aufstellen 2. unterrichten
intellegere	intellegō	intellēxī	intellēctum	1. erkennen 2. verstehen; einsehen
interclūdere	interclūdō	interclūsī	interclūsum	absperren; abschneiden
interesse	intersum	interfuī		teilnehmen an
interpōnere	interpōnō	interposuī	interpositum	dazwischen legen
invādere	invādō	invāsī	invāsum	eindringen
invenīre	veniō	invēnī	inventum	finden
īre	eō	iī	itum	gehen
iubēre	iubeō	iussī	iussum	1. befehlen 2. auffordern
iungere	iungō	iūnxī	iūnctum	verbinden
laedere	laedō	laesī	laesum	verletzen
lavāre	lavō	lāvī	lautum/lavātum	waschen
legere	legō	lēgī	lēctum	lesen
loquī	loquor	locūtus sum		sprechen
lūdere	lūdō	lūsī	lūsum	spielen
maledīcere	maledīcō	maledīxī	maledictum	verleumden; beschimpfen
mālle	mālō	māluī		lieber wollen
manēre	maneō	mānsī	mānsum	bleiben
mentīrī	mentior	mentītus sum		lügen
mergere	mergō	mersī	mersum	versenken; untergehen las- sen
metuere	metuō	metuī		fürchten
minārī	minor	minātus sum		drohen
minuere	minuō	minuī	minūtum	vermindern; *im Pass.* gerin- ger werden
mittere	mittō	mīsī	missum	1. schicken 2. werfen; schießen
movēre	moveō	mōvī	mōtum	1. bewegen 2. rühren; erschüttern
nancīscī	nancīscor	nactus sum		erlangen; bekommen
nāscī	nāscor	nātus sum		geboren werden
neglegere	neglegō	neglēxī	neglēctum	1. vernachlässigen 2. nicht beachten

Stammformen				Anhang
nōlle	nōlō	nōluī		nicht wollen
nōvisse *(nur Perfektstamm)*	nōvī	nōtum		wissen; kennen
nūbere	nūbō	nūpsī	nūptum	heiraten
obīre	obeō	obiī	obitum	entgegengehen; treffen
oblīvīscī	oblīvīscor	oblītus sum		1. vergessen 2. nicht beachten
obsidēre	obsideō	obsēdī	obsessum	belagern
obstāre	obstō	obstitī		entgegenstehen; hindern
obstringere	obstringō	obstrīnxī	obstrictum	verpflichten
obtinēre	obtineō	obtinuī	obtentum	erhalten; bekommen
occīdere	occīdō	occīdī	occīsum	niederhauen; töten
ōdisse *(nur Perfektstamm)*	ōdī			hassen
offerre	offerō	obtulī	oblātum	anbieten; gewähren
opprimere	opprimō	oppressī	oppressum	1. überfallen 2. niederdrücken
ostendere	ostendō	ostendī	ostentum	zeigen; darlegen
parere	pariō	peperī	partum	1. hervorbringen 2. erzeugen
pendēre	pendeō	pependī		hängen *(intransitiv)*
peragere	peragō	perēgī	perāctum	durchführen; vollenden
percutere	percutiō	percussī	percussum	schlagen; stoßen
perdere	perdō	perdidī	perditum	verderben; zu Grunde richten
perficere	perficiō	perfēcī	perfectum	vollenden; herstellen
pergere	pergō	perrēxī	perrēctum	fortfahren
perīre	pereō	periī	peritum	zugrunde gehen
permittere	permittō	permīsī	permissum	1. erlauben; zulassen 2. überlassen
persequī	persequor	persecūtus sum		verfolgen
persuādēre	persuādeō	persuāsī	persuāsum	1. überreden *(m. ut)*, 2. überzeugen *(m. aci)*
pervenire	perveniō	pervēnī	perventum	hinkommen; gelangen
petere	petō	petīvī	petītum	1. erbitten; erstreben, 2. darauf losgehen
pollicērī	polliceor	pollicitus sum		versprechen
pōnere	pōnō	posuī	positum	1. setzen 2. stellen 3. legen; ablegen
posse	possum	potuī		können
possidēre	possideō	possēdī	possessum	besitzen
praecēdere	praecēdō	praecessī	praecessum	1. vorangehen 2. übertreffen
praecipere	praecipiō	praecēpī	praeceptum	vorschreiben

174

Anhang   Stammformen

premere	premō	pressī	pressum	drücken; erdrücken
prōdere	prōdō	prōdidī	prōditum	verraten
prōdesse	prōsum	prōfuī		nützen
prōferre	prōferō	prōtulī	prōlātum	1. vorwärtstragen 2. erweitern
prohibēre	prohibeō	prohibuī	prohibitum	fernhalten; hindern
prōmittere	prōmittō	prōmisī	prōmissum	versprechen
prōpōnere	prōpōnō	prōposuī	prōpositum	1. vorlegen 2. ausstellen
quaerere	quaerō	quaesīvī	quaesītum	1. suchen 2. fragen nach
quiēscere	quiēscō	quiēvī	quiētum	ruhen
rapere	rapiō	rapuī	raptum	1. rauben 2. reißen
recēdere	recēdō	recessī	recessum	zurückweichen
recordārī	recordor	recordātus sum		1. sich erinnern 2. bedenken
reddere	reddō	reddidī	redditum	zurückgeben
redīre	redeō	rediī	reditum	zurückgehen
redūcere	redūcō	redūxī	reductum	zurückführen
referre	referō	rettulī	relātum	1. zurücktragen 2. berichten
refugere	refugiō	refūgī		zurückweichen
regere	regō	rēxī	rēctum	regieren
relinquere	relinquō	relīquī	relictum	verlassen; zurücklassen
repellere	repellō	reppulī	repulsum	zurücktreiben
requiēscere	requiēscō	requiēvī	requiētum	sich ausruhen
resistere	resistō	restitī		Widerstand leisten
respondēre	respondeō	respondī	respōnsum	antworten
restituere	restituō	restituī	restitūtum	wiederherstellen
retinēre	retineō	retinuī	retentum	zurückhalten
retrahere	retrahō	retrāxī	retractum	zurückholen; zurückziehen
revertī	revertor	revertī		zurückkehren
rumpere	rumpō	rūpī	ruptum	brechen; unterbrechen
satisfacere	satisfaciō	satisfēcī	satisfactum	zufrieden stellen; beruhigen
scīre	sciō	scīvī	scītum	wissen
scrībere	scrībō	scrīpsī	scrīptum	schreiben
sedēre	sedeō	sēdī	sessum	sitzen
sentīre	sentiō	sēnsī	sēnsum	1. fühlen 2. meinen
sepelīre	sepeliō	sepelīvī	sepultum	begraben
sequī	sequor	secūtus sum		1. folgen 2. befolgen

175

servīre	serviō			dienen; Sklave sein
sinere	sinō	sīvī	situm	(zu)lassen
solēre	soleō	solitus sum		gewohnt sein; pflegen (etwas gewöhnlich tun)
solvere	solvō	solvī	solūtum	1. lösen 2. bezahlen
stāre	stō	stetī	statum	stehen
stupēre	stupeō	stupuī		staunen
suādēre	suādeō	suāsī	suāsum	raten; zureden
subicere	subiciō	subiēcī	subiectum	1. unterwerfen 2. *im Pass.* unterstehen
succēdere	succēdō	successī	successum	1. gelingen 2. nachrücken 3. ablösen (als Wache)
sūmere	sūmō	sūmpsī	sūmptum	nehmen; ergreifen
superesse	supersum	superfuī		1. übrig sein 2. überleben 3. (reichlich) vorhanden sein
surgere	surgō	surrēxī	surrēctum	sich erheben
suscēnsēre	suscēnseō	suscēnsuī		zürnen
suscipere	suscipiō	suscēpī	susceptum	1. unternehmen; auf sich nehmen 2. empfangen
tacēre	taceō	tacuī	tacitum	1. schweigen 2. verschweigen
tangere	tangō	tetigī	tāctum	berühren
tenēre	teneō	tenuī	tentum	halten; festhalten
terrēre	terreō	terruī	territum	erschrecken
timēre	timeō	timuī		fürchten; sich fürchten
tollere	tollō	sustulī	sublātum	1. aufheben 2. beseitigen
trādere	trādō	trādidī	trāditum	1. überliefern; weitergeben 2. ausliefern; verraten
trādūcere	trādūcō	trādūxī	trāductum	hinüberführen
trahere	trahō	trāxī	tractum	ziehen; schleppen
trānsgredī	trānsgredior	trānsgressus sum		überschreiten
trānsīre	trānseō	trānsiī	trānsitum	überschreiten
tribuere	tribuō	tribuī	tribūtum	zuteilen; zuweisen
ūtī	ūtor	ūsus sum		benutzen; gebrauchen
velle	volō	voluī		wollen
vēnārī	vēnor	vēnātus sum		jagen
vendere	vendō	vendidī	venditum	verkaufen
venīre	veniō	vēnī	ventum	kommen

Anhang   Stammformen

verērī	vereor	veritus sum		fürchten; sich scheuen
vertere	vertō	vertī	versum	wenden; hinwenden
vidēre	videō	vīdī	vīsum	sehen
vidērī	videor	vīsus sum		scheinen; erscheinen
vincere	vincō	vīcī	victum	1. siegen 2. besiegen
vīvere	vīvō	vīxī		leben
volvere	volvō	volvī	volūtum	1. wälzen 2. überlegen

177

Perfektstämme

1. Person Perfekt Aktiv	Infinitiv Präsens Aktiv	1. Person Perfekt Aktiv	Infinitiv Präsens Aktiv
abdidī	abdere	auxī	augēre
abdūxī	abdūcere	cecidī	cadere
abiī	abīre	cecīdī	caedere
abstulī	auferre	cēnsuī	cēnsēre
accēpī	accipere	cēpī	capere
accidī	accidere	cessī	cēdere
accurrī	accurrere	circumdedī	circumdare
addidī	addere	circumvēnī	circumvenīre
addūxī	addūcere	clausī	claudere
adēmī	adimere	coēgī	cōgere
adfuī	adesse	cōgnōvī	cōgnōscere
adiī	adīre	coiī	coīre
adiūnxī	adiungere	coluī	colere
adiūvī	adiuvāre	comitātus sum	comitārī
adolēvī	adolēscere	commīsī	committere
advēnī	advenīre	commōvī	commovēre
advexī	advehere	complēvī	complēre
affēcī	afficere	composuī	compōnere
affuī	adesse	comprehendī	comprehendere
āfuī	abesse	concidī	concidere
aggressus sum	aggredī	concurrī	concurrere
allocūtus sum	alloquī	condidī	condere
aluī	alere	cōnexuī	cōnectere
āmīsī	āmittere	cōnfēcī	cōnficere
animadvertī	animadvertere	cōnfessus sum	cōnfitērī
aperuī	aperīre	coniūnxī	coniungere
appetīvī	appetere	conquīsīvī	conquīrere
apposuī	appōnere	cōnsēnsī	cōnsentīre
arripuī	arripere	cōnstitī	cōnsistere
ārsī	ārdēre	cōnstitī	cōnstāre
ascendī	ascendere	cōnstituī	cōnstituere
assuēvī	assuēscere	cōnsuluī	cōnsulere
attribuī	attribuere	cōnsūmpsī	cōnsūmere
attulī	afferre	contempsī	contemnere
audīvī	audīre	contendī	contendere
ausus sum	audēre	continuī	continēre

Anhang   Perfektstämme

1. Person Perfekt Aktiv	Infinitiv Präsens Aktiv	1. Person Perfekt Aktiv	Infinitiv Präsens Aktiv
cōntulī	cōnferre	ēminuī	ēminēre
convēnī	convenīre	ēripuī	ēripere
convīcī	convincere	ēvāsī	ēvādere
convīxī	convīvere	excessī	excēdere
corripuī	corripere	exiī	exīre
corrūpī	corrumpere	exposuī	expōnere
crēdidī	crēdere	expulī	expellere
crēvī	crēscere	exstīnxī	exstinguere
cupīvī	cupere	exstitī	exsistere
cucurrī	currere	exstrūxī	exstruere
dēcēpī	dēcipere	factus sum	fierī
dēcessī	dēcēdere	fāvī	favēre
dedī	dare	fēcī	facere
dēdidī	dēdere	fefellī	fallere
dēfendī	dēfendere	finxī	fingere
dēflēvī	dēflēre	flēvī	flēre
dēfuī	dēesse	flēxī	flectere
dēlēvī	dēlēre	flōruī	flōrēre
dēscendī	dēscendere	flūxī	fluere
dēseruī	dēserere	frēgī	frangere
dēsiī	dēsinere	fructus sum	fruī
dētulī	dēferre	fūgī	fugere
didicī	discere	fuī	esse
dīlēxī	dīligere	gāvīsus sum	gaudēre
dirēmī	dirimere	gemuī	gemere
diripuī	diripere	genuī	gignere
discessī	discēdere	gessī	gerere
distulī	differre	habuī	habēre
dīvīsī	dīvidere	haesī	haerēre
dīxī	dīcere	iacuī	iacēre
dūxī	dūcere	iēcī	iacere
ēdidī	ēdere	īgnōvī	īgnōscere
ēdīxī	ēdīcere	iī	īre
effēcī	efficere	impendī	impendere
effūgī	effugere	imposuī	impōnere
ēgī	agere	impulī	impellere
ēlēgī	ēligere	incendī	incendere
ēmī	emere	incēpī	incipere

Perfektstämme Anhang

1. Person Perfekt Aktiv	Infinitiv Präsens Aktiv	1. Person Perfekt Aktiv	Infinitiv Präsens Aktiv
incessī	incēdere	nūpsī	nūbere
incurrī	incurrere	obiī	obīre
indīxī	indīcere	oblītus sum	oblīvīscī
īnfēcī	īnficere	obsēdī	obsidēre
iniēcī	inicere	obstitī	obstāre
iniī	inīre	obstrīnxī	obstringere
inquīsīvī	inquīrere	obtinuī	obtinēre
īnspēxī	īnspicere	obtulī	offerre
īnstrūxī	īnstruere	occīdī	occīdere
intellēxī	intellegere	ōdī *(nur Perfektstamm)*	ōdisse
interclūsī	interclūdere	oppressī	opprimere
interfuī	interesse	ostendī	ostendere
interposuī	interpōnere	pependī	pendēre
īntulī	īnferre	peperī	parere
invāsī	invādere	percussī	percutere
invēnī	invenīre	perdidī	perdere
iunxī	iungere	perēgī	peragere
iussī	iubēre	perfēcī	perficere
laesī	laedere	periī	perīre
lāvī	lavāre	permīsī	permittere
lēgī	legere	perrēxī	pergere
locutus sum	loquī	persecūtus sum	persequī
lūsī	lūdere	persuāsī	persuādēre
maledīxī	maledīcere	pervēnī	pervenīre
māluī	mālle	petīvī	petere
mānsī	manēre	pollicitus sum	pollicērī
mentītus sum	mentīrī	possēdī	possidēre
mersī	mergere	posuī	pōnere
metuī	metuere	potuī	posse
minātus sum	minārī	praecēpī	praecipere
minuī	minuere	praecessī	praecēdere
mīsī	mittere	pressī	premere
mōvī	movēre	prōdidī	prōdere
nactus sum	nancīscī	prōfuī	prōdesse
natus sum	nāscī	prohibuī	prohibēre
neglēxī	neglegere	prōmīsī	prōmittere
nōluī	nōlle	prōposuī	prōpōnere
nōvī	nōvisse *(nur Perfektstamm)*	prōtulī	prōferre

180

Anhang   Perfektstämme

1. Person Perfekt Aktiv	Infinitiv Präsens Aktiv	1. Person Perfekt Aktiv	Infinitiv Präsens Aktiv
quaesīvī	quaerere	suāsī	suādēre
quiēvī	quiēscere	subiēcī	subicere
rapuī	rapere	successī	succēdere
recessī	recēdere	sūmpsī	sūmere
recordātus sum	recordārī	superfuī	superesse
reddidī	reddere	surrēxī	surgere
rediī	redīre	suscēnsuī	suscēnsēre
redūxī	redūcere	suscēpī	suscipere
refūgī	refugere	tacuī	tacēre
relīquī	relinquere	tenuī	tenēre
reppulī	repellere	terruī	terrēre
requiēvī	requiēscere	tetigī	tangere
respondī	respondēre	timuī	timēre
restitī	resistere	trādidī	trādere
restituī	restituere	trādūxī	trādūcere
retinuī	retinēre	trānsgressus sum	trānsgredī
retrāxī	retrahere	transiī	transīre
rettulī	referre	trāxī	trahere
revertī	revertī	tribuī	tribuere
rēxī	regere	tulī	ferre
rūpī	rumpere	ūsus sum	ūtī
satisfēcī	satisfacere	vēnātus sum	vēnārī
scīvī	scīre	vendidī	vendere
scrīpsī	scrībere	vēnī	venīre
secūtus sum	sequī	veritus sum	verērī
sēdī	sedēre	vertī	vertere
sēnsī	sentīre	vīcī	vincere
sepelīvī	sepelīre	vīdī	vidēre
sīvī	sinere	vīsus sum	vidērī
solitus sum	solēre	vīxī	vīvere
solvī	solvere	voluī	velle
stetī	stāre	volvī	volvere
stupuī	stupēre		

181

Grammatische Begriffe

a-Deklination	Gruppe der Nomina, deren Ablativ Singular auf -a endet (z. B. ancilla)
a-Konjugation	Gruppe der Verben, deren Stamm auf -a endet (z. B. lauda-re)
Ablativ	5. Fall im Lateinischen, meist für adverbiale Bestimmungen gebraucht
ablativus absolutus	Wortblock, bestehend aus einem Nomen im Ablativ und einem Partizip im Ablativ (KNG-Kongruenz)
ablativus causae	Ablativ des Grundes
ablativus comparationis	Ablativ des Vergleichs
ablativus instrumenti	Ablativ des Mittels/Werkzeugs
ablativus limitationis	Ablativ der Beziehung
ablativus loci	Ablativ des Ortes
ablativus mensurae	Ablativ des Maßes (Frage: um wie viel?)
ablativus modi	Ablativ der Art und Weise
ablativus qualitatis	Ablativ der Eigenschaft
ablativus separativus	Ablativ der Trennung
ablativus sociativus	Ablativ der Begleitung
ablativus temporis	Ablativ der Zeit
aci	Akkusativ mit Infinitiv
Adjektiv	Eigenschaftswort, Wie-Wort
adjektivisches Interrogativpronomen	Fragewort, das sich wie ein Adjektiv an sein Beziehungswort angleicht (z. B. welcher?, welche?, welches?)
Adverb	Umstandswort
adverbiale Bestimmung	Umstandsbestimmung (Satzteil), bestimmt das Prädikat näher
adverbialer Gliedsatz	Gliedsatz, füllt die Satzstelle adverbiale Bestimmung
Akkusativ	4. Fall (Wen-Fall)
Akkusativ der Ausdehnung	Akkusativ, der ein zeitliches oder räumliches Maß angibt (Frage: wie lang(e)?/wie breit?/wie tief?)
Aktiv	Tätigkeitsform des Verbs (Gegensatz zu Passiv)
Alliteration	Stilmittel: Zwei oder mehr aufeinander folgende Wörter beginnen mit demselben Vokal oder Konsonanten.
Anapher	Stilmittel: Wiederholung eines Wortes zu Beginn eines Satzes oder einer Wortgruppe
Antithese	Stilmittel: Gegensatz
Aphärese	Metrik: Wegfall eines Vokals am Wortanfang
Apposition	nähere Bestimmung durch ein Substantiv im gleichen Kasus (z. B. »an Atticus, seinen Freund«)
Artikel	Geschlechtswort (z. B. der, die, das)
Asyndeton	Stilmittel: Aufzählung, bei der die einzelnen Glieder nicht durch Konjunktionen verbunden sind
Attribut	Satzglied: Beifügung zu einem Substantiv
Attributivsatz	Gliedsatz, füllt die Satzstelle Attribut
Chiasmus	Stilmittel: Zwei Wortgruppen sind spiegelbildlich angeordnet.

Anhang

Grammatische Begriffe

coniugatio periphrastica activa	Partizip Futur Aktiv in Verbindung mit esse: bezeichnet die unmittelbar bevorstehende Zukunft	dreiendiges Adjektiv	Adjektiv, das im Nominativ Singular für jedes Genus eine eigene Endung hat
coniunctivus adhortativus	Konjunktiv, der eine Aufforderung bezeichnet	durativ	die Dauer bezeichnend
coniunctivus deliberativus/dubitativus	Konjunktiv, der eine Überlegung oder einen Zweifel ausdrückt	e-Deklination	Gruppe der Nomina, deren Ablativ Singular auf -e endet (z. B. res)
coniunctivus iussivus	Konjunktiv, der einen Befehl bezeichnet	e-Konjugaton	Gruppe der Verben, deren Stamm auf -e endet (z. B. terrē-re)
coniunctivus prohibitivus	Konjunktiv, der ein an die 2. Person gerichtetes Verbot bezeichnet (ne mit Konjunktiv Perfekt)	einendiges Adjektiv	Adjektiv, das im Nominativ Singular für alle drei Genera nur eine Form hat
consecutio temporum	Zeitenfolge in konjunktivischen Satzgefügen	Elativ	Superlativ, der nicht die Höchststufe, sondern nur eine sehr hohe Stufe bezeichnet (Übersetzung mit sehr/besonders o. ä.)
daktylischer Hexameter	Metrik: Versmaß, bestehend aus sechs Versfüßen	Elision	Metrik: Wegfall eines auslautenden Vokals
Dativ	3. Fall (Wem-Fall)	feminin	weiblich
dativus auctoris	Dativ des Urhebers	flektieren	beugen
dativus causae	Dativ des Grundes	Futur	Zukunft; Futur 1: einfache Zukunft; Futur 2: vollendete Zukunft, vorzeitig zu einem Futur 1
dativus commodi	Dativ des Vorteils		
dativus finalis	Dativ des Zwecks		
dativus incommodi	Dativ des Nachteils		
dativus possessivus	Dativ des Besitzers		
Dehnungsperfekt	Bildeweise des Perfekts, wobei der Stammvokal gedehnt wird	gemischte Deklination	Gruppe der Substantive, die den Genitiv Plural auf -ium bilden, in allen anderen Kasus aber die Endungen der konsonantischen Deklination aufweisen (z. B. urbs)
Deklination	Gruppe, zu der ein Nomen gehört		
deklinieren	Nomina beugen, d. h. in die verschiedenen Fälle setzen		
Demonstrativpronomen	hinweisendes Fürwort (z. B. dieser, diese, dieses; jener, jene, jenes)	Genitiv	2. Fall (Wes-Fall)
		genitivus explicativus	Genitiv, der eine Erklärung bezeichnet
Deponens	Verb mit passiven Formen, die aktivisch übersetzt werden	genitivus possessivus	Genitiv des Besitzers
		genitivus obiectivus	Genitiv, das logische Objekt bezeichnend

183

Grammatische Begriffe   **Anhang**

genitivus partitivus	Genitiv, der zu einer Teilmenge die Gesamtmenge angibt	Imperfekt	Vergangenheitstempus, das im Lateinischen die Dauer, Wiederholung oder den Versuch bezeichnet
genitivus qualitatis	Genitiv, der eine Eigenschaft bezeichnet	imperfectum de conatu	Imperfekt, das den Versuch bezeichnet
genitivus subiectivus	Genitiv, das logische Subjekt bezeichnend	Indefinitpronomen	unbestimmtes Fürwort (z. B. irgendeiner)
Genus	Geschlecht (maskulin, feminin, Neutrum)	Indikativ	Modus des Verbs: Wirklichkeitsform
Genus verbi	Oberbegriff für Aktiv-Passiv	indirekter Fragesatz	abhängiger Fragesatz; Gliedsatz, der durch ein Verb des Fragens eingeleitet wird, sich aber nicht direkt an ein Gegenüber richtet (Gegensatz: direkte Frage)
Gerundium	deklinierte Form des Infinitivs		
Gerundivum	passives Adjektiv, das von einem Verb abgeleitet ist		
Gliedsatz	Satz, der nicht selbstständig stehen kann, erkennbar an der Einleitung durch eine (Gliedsatz-)Konjunktion		
		Infinitiv	Grundform des Verbs
		Interjektion	Ausrufewort (z. B. ach!, oh!)
griechische Deklination	Gruppe griechischer Eigennamen, die nach der lateinischen a-Deklination gebeugt werden (z. B. Aeneas, Aeneae)	Interrogativpronomen	Fragefürwort
		intransitives Verb	Verb, das kein Akkusativobjekt haben kann
		inversum	umgedreht
		Irrealis	Konjunktiv, der einen als nichtwirklich oder als unmöglich dargestellten Sachverhalt bezeichnet
Hauptsatz	Satz, der selbstständig stehen kann		
Hilfsverb	Verb, das einer Ergänzung bedarf, damit das Prädikat vollständig ist	iterativ	eine ständige Wiederholung bezeichnend
Hyperbaton	Stilmittel: Trennung zweier zusammengehöriger Wörter		
		Kasus	Fall
		kausal	einen Grund bezeichnend
i-Deklination	Gruppe der Nomina, deren Ablativ Singular auf -i endet (z. B. turris)	Klimax	Stilmittel: in der Bedeutung der Wörter liegende Steigerung
i-Konjugation	Gruppe der Verben, deren Stamm auf -i endet (z. B. audi-re)	KNG-Kongruenz	Übereinstimmng in Kasus, Numerus und Genus
Imperativ	Modus des Verbs: Befehlsform	Komparation	Steigerung des Adjektivs oder Adverbs

184

Anhang   Grammatische Begriffe

Komparativ	1. Steigerungsstufe	maskulin	männlich
komparativ	einen Vergleich bezeichnend	Metrik	rhythmische Abfolge langer und kurzer Silben in Versen
konditional	eine Bedingung bezeichnend	modal	die Art und Weise bezeichnend
Konjugation	Verbgruppe	Modus	Aussageform des Verbs (Indikativ, Imperativ, Konjunktiv)
konjugieren	ein Verb beugen (Person, Tempus, Genus verbi, Modus)	Morphem	sprachliches Zeichen
Konjunktion	Bindewort (z. B. und, aber; als, weil)	narrativum	erzählend
Konjunktiv	Modus des Verbs: Möglichkeitsform (Gegensatz zu Indikativ)	Neutrum	sächlich
		Nomen	Oberbegriff für die Wortarten Substantiv, Adjektiv und Pronomen
Konnektor	Verbindungswort (z. B. daher, denn)	nominaler ablativus absolutus	ablativus absolutus, bei dem an die Stelle eines Partizips ein Nomen tritt
konsekutiv	eine Folge bezeichnend		
Konsonant	Mitlaut (Gegensatz zu Vokal/Selbstlaut) (z. B. l, m, r)		
konsonantische Deklination	Gruppe der Nomina, deren Stamm auf einen Konsonanten endet (z. B. consul)	Nominativ	1. Fall (Wer-Fall)
		Numerus	Anzahl (Oberbegriff für Singular – Plural)
konsonantische Konjugation	Gruppe der Verben, deren Stamm auf einen Konsonanten endet (z. B. ag-e-re)	o-Deklination	Gruppe der Nomina, deren Ablativ Singular auf -o endet (z. B. servus)
konsonantische Konjugation mit i-Erweiterung	Gruppe der Verben, deren Stamm auf einen Konsonaten endet und die in einigen Formen ein zusätzliches i aufweisen (z. B. capere, ca**p-i**-o)	Objekt	Satzergänzung (Frage »Wen/Was?«: Akkusativobjekt; Frage »Wem?«: Dativobjekt)
konzessiv	einen Gegengrund oder eine Einschränkung bezeichnend	Objektsakkusativ	Akkusativ im aci, der bei der Übersetzung mit einem dass-Satz zum Objekt wird
Kopula	Hilfsverb als Satzglied	Objektsatz	Gliedsatz, der die Satzstelle Objekt füllt
Litotes	Stilmittel: doppelte Verneinung	oratio obliqua	indirekte Rede
Lokativ	Kasus, der bei Städtenamen eine Ortsangabe bezeichnet (z. B. Romae: in Rom)	Parallelismus	Stilmittel: Satzabschnitte, die sich entsprechen, stehen in der gleichen Reihenfolge.

185

participium coniunctum	verbundenes Partizip; gleicht sich an sein Beziehungswort in Kasus, Numerus und Genus an und bestimmt zugleich das Prädikat näher	praesens historicum	historisches Präsens, steht statt eines erzählenden Perfekts, um dem Leser die Handlung lebendig vor Augen zu führen
Partikel	undeklinierbares Wort	Präfix	Vorsilbe
Partizip	Mittelwort (z.B. Partizip Perfekt Passiv: gerufen; Partizip Präsens Aktiv: rufend)	Präposition	Verhältniswort (z.B. in, an, auf, bei, wegen …)
		Präsens	Gegenwart
Passiv	Leideform des Verbs (z.B. »ich werde gelobt«)	präsentisches Perfekt	Perfekt mit Präsensbedeutung (z.B. »ich habe kennen gelernt« → »ich kenne«
Perfekt	lateinische Erzählzeit	Prohibitiv	Konjunktiv, der ein an die 2. Person gerichtetes Verbot bezeichnet (ne mit Konjunktiv Perfekt)
Personalpronomen	persönliches Fürwort (z.B. ich, du …)		
Personifikation	Stilmittel: ein abstrakter Begriff (z.B. das Gesetz, das Gerücht) tritt wie eine Person auf.		
		Pronomen	Fürwort, Stellvertreter
		Pronominaladjektiv	Adjektiv, das wie einige Pronomina den Genitiv auf -ius und den Dativ auf -i bildet
Plural	Mehrzahl		
Plusquamperfekt	vollendete Vergangenheit, drückt die Vorzeitigkeit zu einer vergangenen Handlung aus	Pronominaladverb	Pronomen, das die Satzstelle adverbiale Bestimmung füllt (z.B. dort, hierher…)
Positiv	Grundstufe des Adjektivs (bei der Steigerung)		
Possessivpronomen	besitzanzeigendes Fürwort (z.B. mein, dein…)	Realis	Indikativ im konditionalen Satzgefüge, der einen Sachverhalt als Tatsache hinstellt
Potentialis	Konjunktiv, der eine Möglichkeit bezeichnet	Reduplikationsperfekt	Perfektbildung, wobei der Präsensstamm verdoppelt wird (z.B. dare → dedi)
Prädikat	Satzaussage (Frage: »Was wird ausgesagt?«)		
Prädikativum	Satzglied im lateinischen Satz, das sich an ein Beziehungswort angleicht und das Prädikat näher bestimmt; die Satzstelle kann durch ein Adjektiv oder Substantiv gefüllt sein.	reflexiv	rückbezüglich
		Reflexivpronomen	rückbezügliches Fürwort (z.B. sich)
		relativischer Anschluss	Am Anfang eines lateinischen Satzes steht ein Relativpronomen, das im Deutschen mit dem Demonstrativpronomen wiedergegeben wird.
Prädikatsnomen	Satzglied: Ergänzung zur Kopula		

Anhang   Grammatische Begriffe

Relativpronomen	bezügliches Fürwort, leitet einen Relativsatz ein (z. B. der, die, das; welcher, welche, welches)	temporal	zeitlich
		Tempus	Zeit
		transitives Verb	Verb, das ein Akkusativobjekt haben kann
Relativsatz	Attributivsatz, der durch ein Relativpronomen eingeleitet wird	u-Deklination	Gruppe von Substantiven, deren Ablativ Singular auf -u endet (z. B. metus)
rhetorische Frage	Stilmittel: Frage, auf die keine Antwort erwartet wird, weil die Erwiderung klar ist	Vollverb	Verb, das im Satz allein das Prädikat bilden kann (Gegensatz: Hilfsverb)
Satzgefüge	besteht aus Haupt- und Gliedsatz/-sätzen	Verb	Zeit-/Tätigkeitswort
		verba defectiva	Verben, die nur einen Teil der Formen bilden (z. B. odisse)
Satzreihe	Aufeinanderfolge von Hauptsätzen	Vokal	Selbstlaut (a, e, i, o, u)
Semantik	Bedeutung	Vokativ	Kasus der Anrede
semantische Funktion	Bedeutung im Satz		
Semideponens	Verb, das in Präsens, Imperfekt und Futur 1 aktive Formen mit aktiver Bedeutung hat, sich aber in Perfekt und Plusquamperfekt wie ein Deponens verhält, oder umgekehrt	zweiendiges Adjektiv	Adjektiv, das im Nominativ Singular eine gemeinsame Endung für das Maskulinum und Femininum und eine gesonderte für das Neutrum hat
Singular	Einzahl		
Stammperfekt	Bildeweise des Perfekts, wobei gegenüber dem Präsensstamm keine Veränderung eintritt		
Subjekt	Satzgegenstand (Frage: »Wer?/Was?«)		
Subjektsakkusativ	Akkusativ im aci, der bei der Übersetzung mit einem dass-Satz zum Subjekt wird		
Substantiv	Haupt-/Namenwort		
Suffix	Nachsilbe		
Superlativ	2. (höchste) Steigerungsstufe		
syntaktische Funktion	Aufgabe als Satzglied		

187

Index

Die Zahlen beziehen sich auf die Paragraphen der Grammatik.

a-Deklination
s. Deklinationen

Ablativ
Formen 19
syntaktische Funktion 18
semantische Funktion 20
causae 77
comparationis 150
instrumenti 20
limitationis 179
loci 20
mensurae 151
modi 20
qualitatis 173
separativus 20
sociativus 20
temporis 20

ablativus absolutus
nominaler ablativus absolutus 154
semantische Funktionen 129
syntaktische Funktion 127
Übersetzungsmöglichkeiten 128

aci
als Objekt 32
als Satzglied 32; 48
als Subjekt 48
Erweiterungen 34
Infinitiv Passiv im aci 74
Reflexivpronomen im aci 97
Subjektsakkusativ – Objektsakkusativ 34
Übersetzung 33
Zeitverhältnisse 47

Adjektiv
als Attribut 10
als Prädikativum 52
als Prädikatsnomen 11
Formen a- und o-Deklination 10; 17, 2
i-Deklination 102
im Neutrum Plural 61
konsonantische Deklination 160
Steigerung 146

unregelmäßige Steigerung 147
Verwendung und Übersetzungsmöglich-
keiten der Steigerungsstufen 148

Adverb
Bildung aus dem Adjektiv 142
Komparation 149
syntaktische Funktion 141

Adverbiale Bestimmungen
Art und Weise 4, 2; 20
Begleitung 20
Grund 4, 2
Mittel und Werkzeug 20
Ort 7, 2; 20
Trennung 20
Zeit/Häufigkeit 4, 2; 20
s. auch unter Dativ, Akkusativ und Ablativ

Adverbiale Gliedsätze 67

Akkusativ
als adverbiale Bestimmung der Richtung
7, 2
als Objekt 7, 1
der Ausdehnung 84
des Ausrufs 60
doppelter 94
Formen 6; 17

Aktiv-Passiv 15; 71

aliqui(s) 124, 1 und 2; 176, 1

alius, alia, aliud 31

Alliteration 44, 1

Anapher 41

Antithese 95

Aphärese 161, 3

Apposition 12

Artikel 2, 1

Asyndeton 44, 2

Attribut
Adjektiv 10
Apposition 12
Genitiv 30

188

Anhang

Index

Partizip Perfekt Passiv 79
Partizip Präsens Aktiv 131

Attributivsatz mit ubi 69

Bestimmung eines Substantivs 5
Bestimmung einer Verbform 15

Chiasmus 44, 4

consecutio temporum 167

coniugatio periphrastica activa 125

cum mit Indikativ 68

cum mit Konjunktiv 123

Dativ
    als Objekt 36
    Formen 38
    semantische Funktion 37
    auctoris 163
    commodi 55
    finalis 37, 2
    possessivus 37, 1

Deklinationen
    a-, o-, konsonantische, Nominativ und
      Akkusativ Singular 6
    Nominativ und Akkusativ Plural 17, 1 und 2
    Ablativ Singular und Plural 19
    Genitiv Singular und Plural 28
    Dativ Singular und Plural 38
    Vokativ 25
    e-Deklination 40
    gemischte 28; 103
    i-Deklination Substantive 101
    Adjektive 102
    konsonantische Deklination Neutrum 43
    u-Deklination 113

Deklination der Zahlwörter 178

Demonstrativpronomina
    hic, haec, hoc 112, 2
    idem 139
    ille, illa, illud 112, 1
    is, ea, id 56
    iste 99

Deponentien 138

Doppelter Akkusativ 94

dum 76

e-Deklination 40

Elativ 148, 3

Elision 161, 2

esse
    als Vollverb 35
    Formen im Indikativ Präsens 24 (restliche
      Formen s. unter den einzelnen Tempora
      und Modi)

ferre 96

fieri 144

Finale Adverbialsätze
    106, 2; 116

Finale Objektsätze
    106, 1

Fragesätze 27;
    indirekte 118

Futur 1
    Formen 90
    Infinitiv 91
    Partizip 91

Futur 2 166

Genitiv
    Formen 28
    semantische Funktion 29
    explicativus 180
    obiectivus 29,3
    partitivus 89
    possessivus 29, 1
    qualitatis 114
    subiectivus 29,2
    syntaktische Funktion Attribut 30

Genus beim Substantiv 2, 2

genus verbi 16; 71

Gerundium
    Bildeweise 153
    syntaktische und semantische Funktion 152

Gerundivum
    als Attribut 164
    als Prädikativum 165
    als Prädikatsnomen 163
    bei Präpositionen 164, 1

189

Index   Anhang

Bildeweise 162
im Ablativ 164, 3

Gleichzeitigkeit 47; 116, 1; 118; 133; 135; 167

Griechische Deklination 70

Haupt- und Gliedsatz 66

Hexameter 161, 4

hic, haec, hoc 112, 2

Hilfsverb 4, 1

Historisches Präsens 75

Hyperbaton 100

i-Deklination
    Adjektiv 102
    Substantiv 101

idem, eadem, idem 139

ille, illa, illud 112, 1

Imperativ 23

Imperfekt
    Bedeutung 49
    Formen 51
    Unterschied Perfekt-Imperfekt 50

in mit Akkusativ und Ablativ 21

Indefinitpronomina 124; 176

Indirekte Fragesätze 118

Indirekte Rede 168;
    im Deutschen 169

Infinitiv 1
    als Satzglied 9

Interrogativpronomina 27, 1

ipse, ipsa, ipsum 140

ire
    Indikativ Präsens 42 (restliche Formen s.
        unter den einzelnen Tempora und Modi)

Irrealis
    der Gegenwart 116, 2; 126
    der Vergangenheit 121

is, ea, id
    Formen 56

im Genitiv übersetzt als Possessiv-
    pronomen 57

iste, ista, istud 99

Klimax 44, 3

KNG-Kongruenz 10

Komparation s. Steigerung

Komparativ 146; 148, 1

Konditionalsätze
    Irrealis 126
    Irrealis der Gegenwart 116, 2; 126
    Irrealis der Vergangenheit 121
    Potentialis der Gegenwart 126
    Realis 126

Konjugationen
    a-, e-, konsonantische Konjugation 3
    i-Konjugation 8
    konsonantische Konjugation mit i-Erweite-
        rung 16; 22

Konjunktiv
    Formen 107; 117; 119; 122
    Funktionen
        als Prohibitiv (Perfekt) 120
        im Finalsatz 116
        im Hauptsatz 109; 110; 159
        im Irrealis 116, 2; 121; 126
        im Konsekutivsatz 111; 116
        im Relativsatz 172, 2
        in ut/ne-Sätzen 106

Konsekutivsätze 111; 116

Konsonantische Deklination
    Adjektiv 160
    Substantive s. Deklinationen

Kopula 4, 1

Litotes 108

Metrik 161

Modi im Relativsatz 172

Modi 105

Nachzeitigkeit 91, 2; 167

ne nach Verben des Fürchtens 106, 1

190

Anhang   Index

nemo 145; 176

ne-Sätze 106

noli + Infinitiv 157

Nominaler ablativus absolutus 154

Nominativ 1; Plural 17

nullus 145; 176

Numerus 5

o-Deklination
  s. Deklinationen

odisse 175

oratio obliqua 168

Ortsangaben bei Städtenamen 59

Parallelismus 78

Partizip Futur Aktiv 91

Partizip Präsens Aktiv
  als Attribut 131
  als participium coniunctum 132
  Bildung und Deklination 136
  im ablativus absolutus 135
  semantische Funktionen 134
  Übersetzungsmöglichkeiten 133

Partizip Perfekt Passiv
  als Attribut 79
  als participium coniunctum 80
  im ablativus absolutus 130
  Formen 72
  prädikativ gebraucht 80
  semantische Funktionen des participium
    coniunctum 82
  Übersetzungsmöglichkeiten als
    participium coniunctum 81
  Zeitverhältnis 83

Passiv
  Formen 72
  Übersetzung 73

Perfekt Passiv
  Formen 72

Perfekt
  Formen 46
  v-, u-, s- Perfekt 46
  Dehnungsperfekt 53

Reduplikationsperfekt 53
von ire 54
Stammperfekt 63
Funktion 45
Unterschied Perfekt–Imperfekt 50
präsentisches Perfekt 174

Personalpronomina 26; 39

Personifikation 155

Plusquamperfekt Aktiv
  Formen 65
  Funktion 64

Plusquamperfekt Passiv
  Formen 72

posse
  Formen im Indikativ Präsens 24 (restliche
    Formen s. unter den einzelnen Tempora
    und Modi)

Positiv 146

Possessivpronomina
  der 1. und 2. Person Singular und Plural 92
  der 3. Person Singular und Plural 93
  reflexiv 58
  Substantivierung 104

Prädikativum 52

Prädikatsnomen 4, 1

Präfix 24

praesens historicum
  75

prodesse
  Indikativ Präsens 24 (restliche Formen s.
    unter den einzelnen Tempora und Modi)

Prohibitiv 120

Pronomen
  als Subjekt 158
  im Neutrum Plural 61

Pronominaladjektive 170

Pronominaladverbien 171

quam + Superlativ 148, 4

qui, quae, quod
  Formen 86
  als Fragepronomen 115

191

Index   **Anhang**

quidam, quaedam, quoddam 88

Reflexive und nichtreflexive Besitzverhältnisse
58

Reflexivpronomen 137; im aci 97

Relativischer Anschluss 98

Relativpronomen
Formen 86
und Beziehungswort 87

Relativsatz
Funktionen 85
im Indikativ 172, 1
im Konjunktiv 172, 2

Rhetorische Frage 62

Satzbaupläne 4, 3; 10; 11; 30; 32; 36; 52

Satzfragen 27, 2

Satzgefüge 66

Satzglieder
Infinitiv als Satzglied 9
Satzglied-Wortart-Wortform 13

Satzreihe 66

Semideponentien 143

Steigerung 146
des Adverbs 149
unregelmäßige 147
Verwendung und Übersetzungsmöglich-
keiten der Steigerungsstufen 148

Stilmittel 41
Alliteration 44, 1
Anapher 41
Antithese 95
Asyndeton 44, 2
Chiasmus 44, 4
Hyperbaton 100
Klimax 44, 3
Litotes 108
Parallelismus 78
Personifikation 155
Rhetorische Frage 62

Substantiv
Artikel, Genus 2, 1; 2, 2
Bestimmung eines Substantivs 5

Substantivierung des Possessivpronomens
104

Superlativ 146, 148

syntaktische Funktion 4, 1

ubi
Temporalsatz 67
Attributivsatz (wo) 69

u-Deklination 113

ut-Sätze
adverbiale Finalsätze 106, 2; 116
finale Objektsätze 106, 1
Komparativsatz 67
Konsekutivsätze 111

velle, nolle, malle 156

verba defectiva 175

Verneinter Befehl 120; 157

Vokativ 25

Vollverb 4, 1

Vorzeitigkeit 47; 83; 118; 130; 166; 167

Wort- und Ergänzungsfragen 27, 1

Wortarten 1

Wortstellung im lateinischen Satz 14

Wunschsätze 159

Zahlwörter 177
Deklination 178

Zeitverhältnis
im aci 47
im Final- und Konsekutivsatz 116, 1
im indirekten Fragesatz 118
Partizip Futur Aktiv 91
Partizip Perfekt Passiv 83
Partizip Perfekt Passiv im ablativus
absolutus 130
Partizip Präsens Aktiv 133
Partizip Präsens Aktiv im ablativus
absolutus 135
im konjunktivischen Gliedsatz 167

192